Ute Liesenfeld

Spaziergänge zur Kunst in Zürich

PUBLIC art

belser

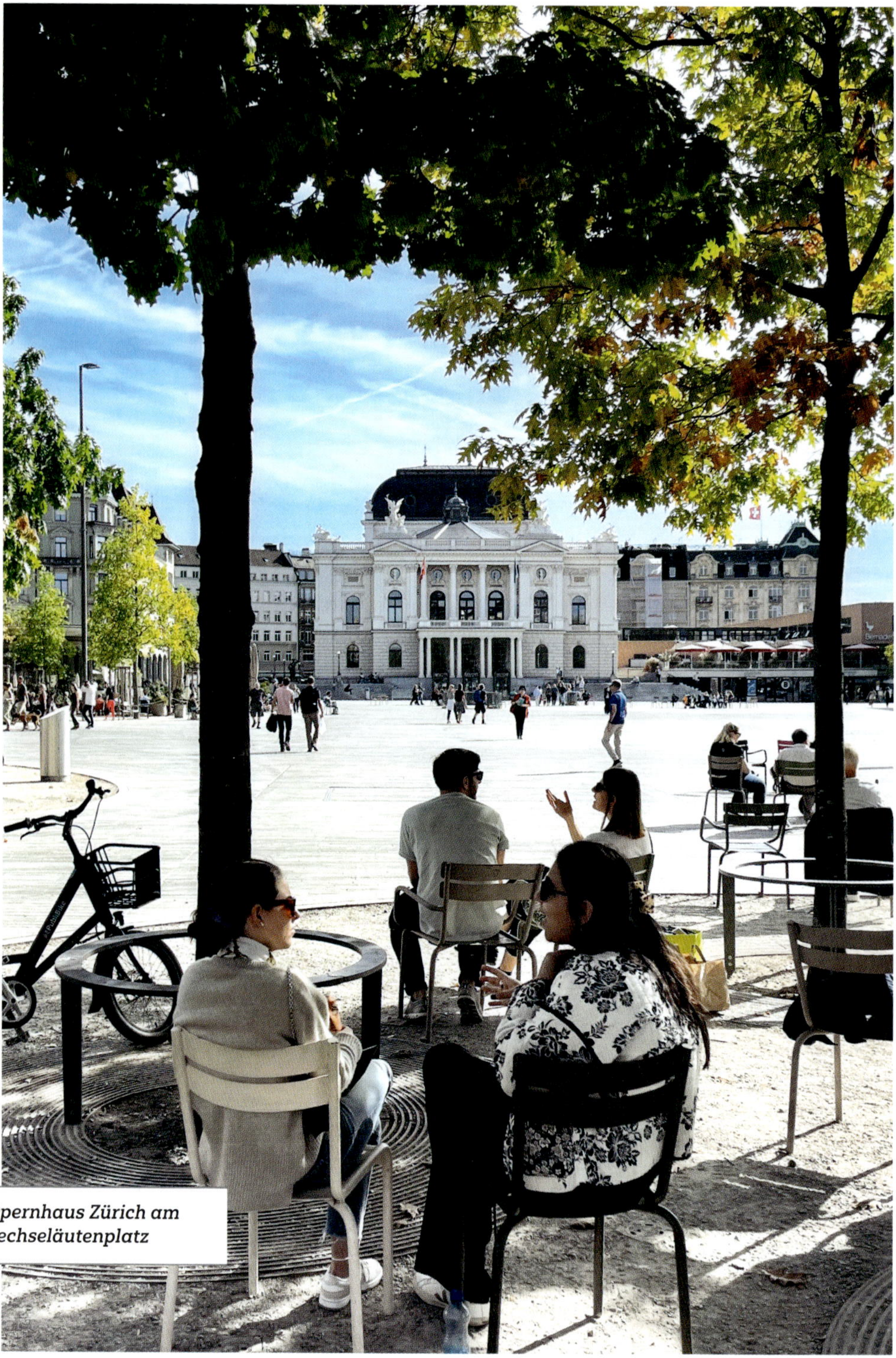

Opernhaus Zürich am Sechseläutenplatz

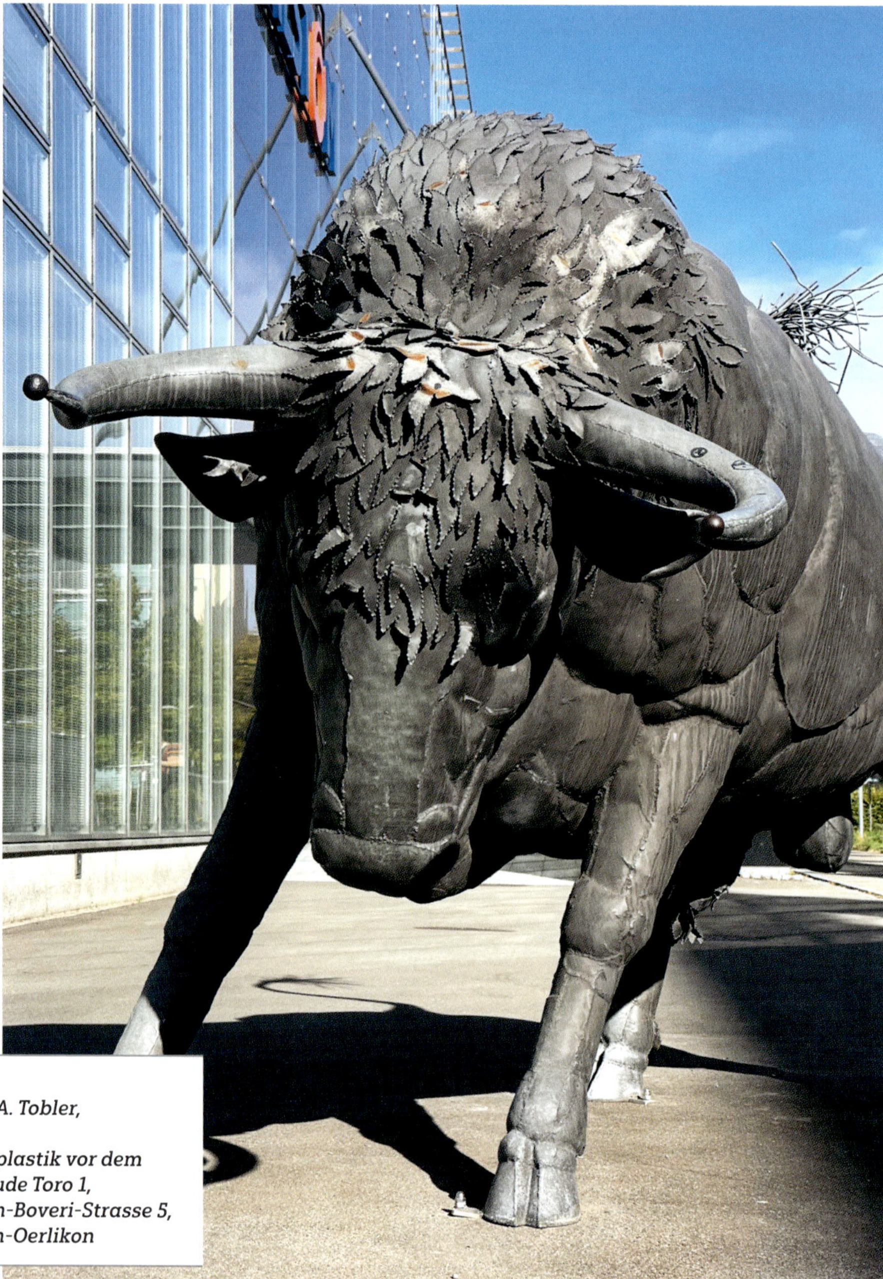

Toro,
John A. Tobler,
1997
Eisenplastik vor dem
Gebäude Toro 1,
Brown-Boveri-Strasse 5,
Zürich-Oerlikon

SPAZIERGÄNGE ZUR KUNST

Zürich ist die heimliche Hauptstadt der Schweiz, dreimal so groß wie Bern, doppelt so groß wie Genf und Basel, und doch – mit knapp 450.000 Einwohnern – vergleichsweise klein. Eine idyllische Stadt am See mit dem Wohlfühlcharme eines Urlaubsorts und der Strahlkraft einer finanzkräftigen Metropole. Bekannt als sicherer Hafen nicht nur für Geldanleger, sondern auch für Künstler. Schon Richard Wagner flüchtete sich 1849 von Dresden ins liberale Zürich, im Schlepptau Gottfried Semper und Georg Büchner. Während der Weltkriege fanden politisch Verfolgte und Andersdenkende hier ein tolerantes Umfeld und kreative Freiräume. Im Cabaret Voltaire in der Zürcher Altstadt wurde 1916 der Dadaismus geboren, trafen sich Literaten, Musiker und Maler, um das Kriegsgeschrei zu übertönen und die etablierte Gesellschaft mit ihrer ironischen Anti Kunst zu provozieren. Sie kamen aus Köln, Hannover und Berlin, Paris, Moskau und New York. Auch heute ist fast jeder dritte Zürcher ein Ausländer, was den multikulturellen Mix von Kulturszene und Gastronomie beflügelt.

Über 50 Museen und hundert Galerien machen Zürich zum kulturellen Zentrum. In der Bahnhofshalle begrüßt der gigantische Schutzengel von Niki de Saint Phalle die Ankömmlinge; nur wenige Schritte von der berühmten Einkaufsstraße entfernt. Man schlendert an den Ufern von Limmat und Zürisee, flaniert durch romantische Altstadtgassen und den trendigen „District 5“, entdeckt an jeder zweiten Ecke einen neuen Trinkwasser-Brunnen. 1.224 soll es im Zürcher Stadtgebiet geben. Immer wieder öffnen sich Türen zu Meisterwerken: den Kirchenfenstern von Marc Chagall und Sigmar Polke und den Fresken von Giacometti in der Eingangshalle der Stadtpolizei. Am Fuß des Freitag-Towers legt man den Kopf in den Nacken und zählt die Frachtcontainer, die wie Bauklötze zum Skyscraper gestapelt sind – Symbol einer experimentierfreudigen, weltoffenen und manchmal überraschend unkonventionellen Stadt.

März 2024 *Ute Liesenfeld*

Bahnhofstrasse

Stadtspaziergang Eins

Dauer:
1 bis 2 Stunden

Verbindung:
Zürich Hauptbahnhof

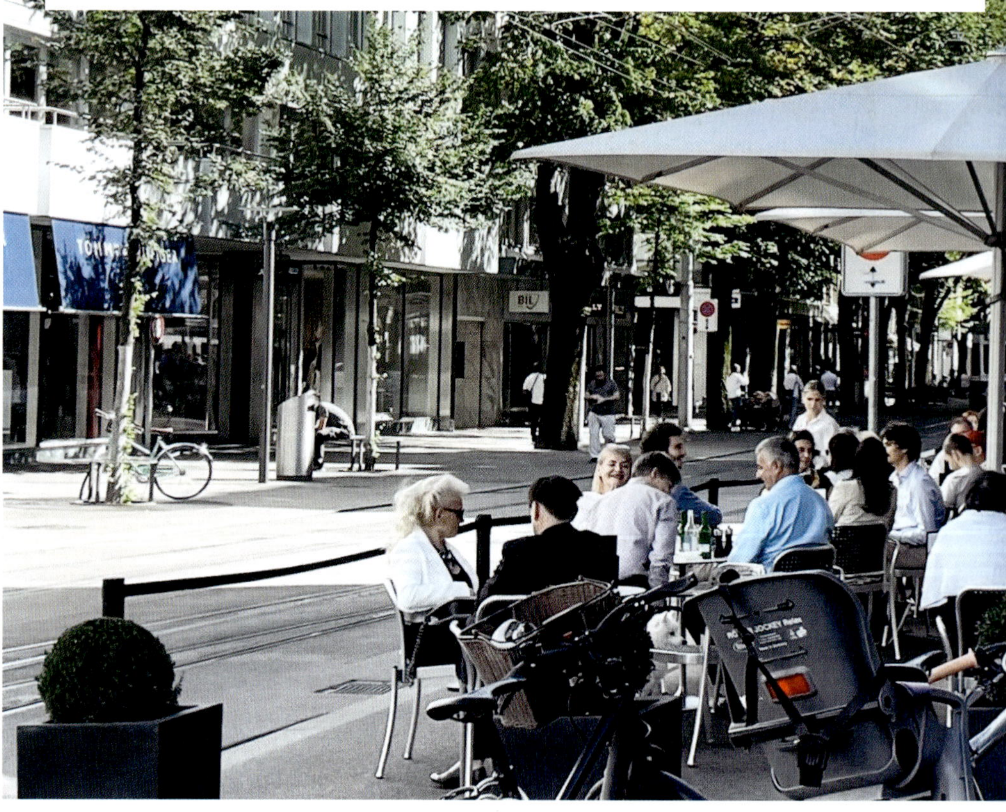

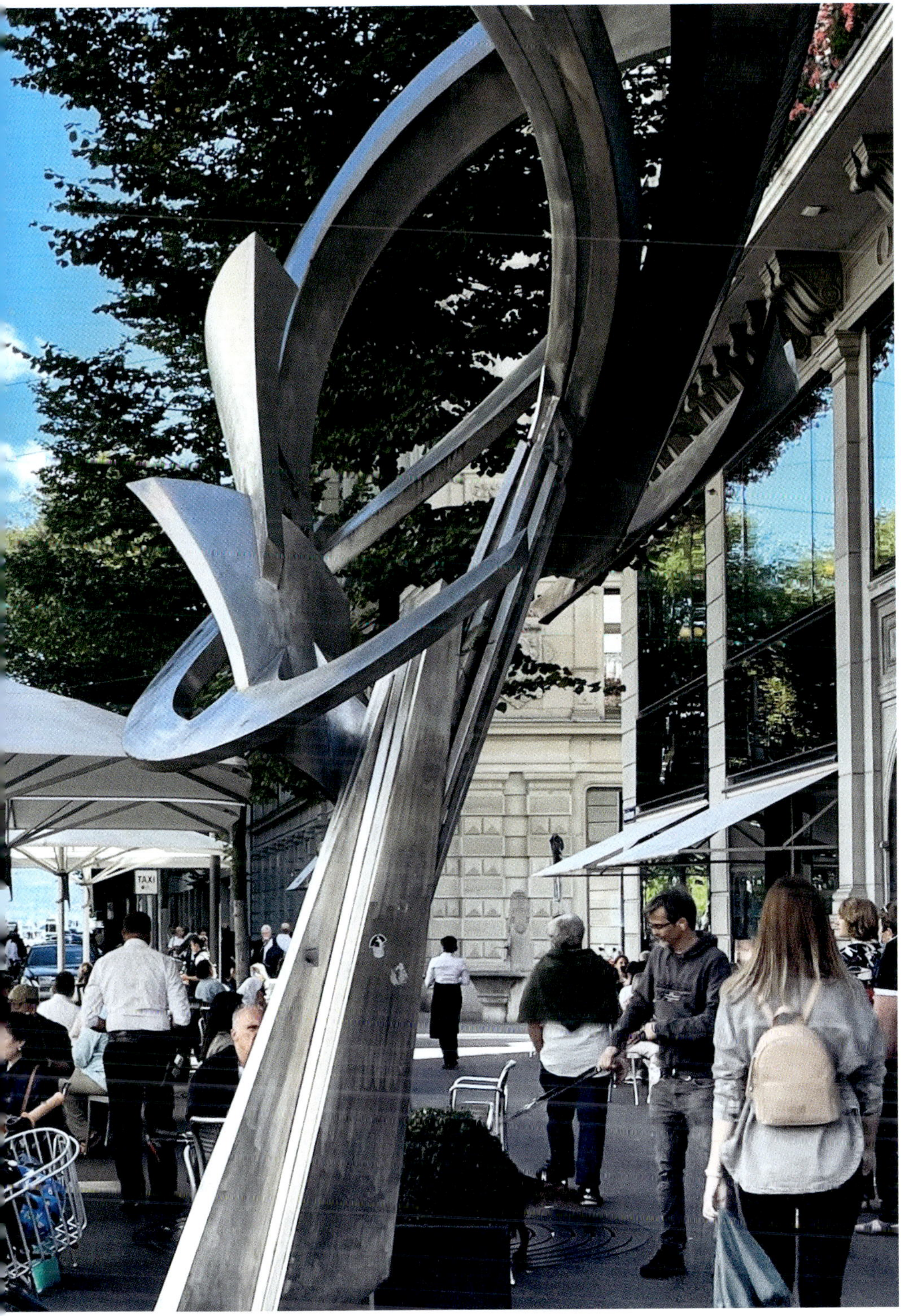
TAXI

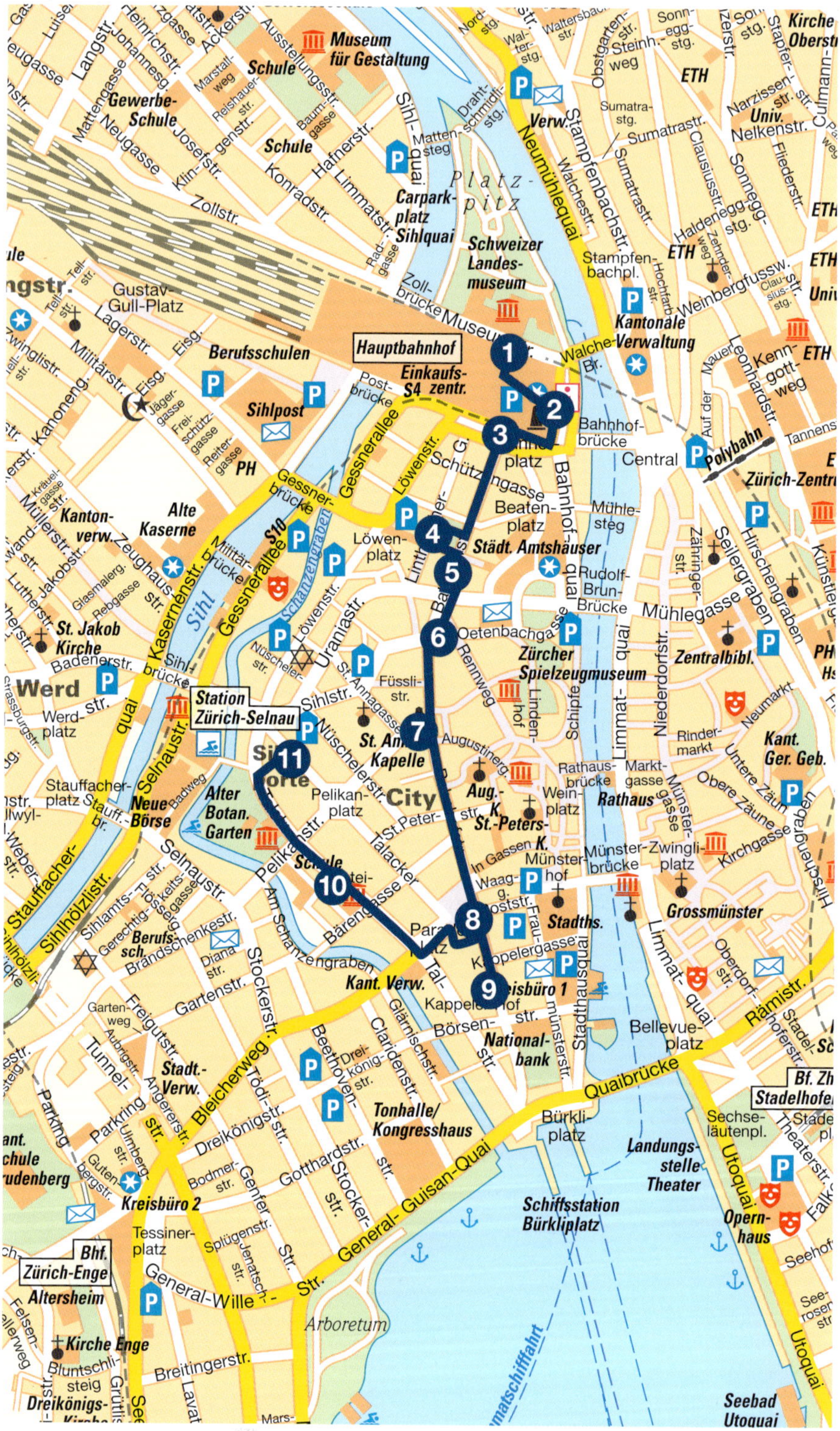

Museum für Gestaltung
Schule
Gewerbe-Schule
Schule
Sihlquai
Carparkplatz Sihlquai
Platzspitz
Schweizer Landesmuseum
Neumühlequai
Stampfenbachstr.
ETH
Univ.
Hauptbahnhof
Einkaufs-zentr.
S4
Museumstr.
Walche-Br.
Kantonale Verwaltung
Berufsschulen
Sihlpost
Gustav-Gull-Platz
Bahnhofbrücke
Central
Polybahn
Zürich-Zentrum
Bahnhofplatz
Schützengasse
Beatenplatz
Löwenplatz
Städt. Amtshäuser
Mühlesteg
Rudolf-Brun-Brücke
Alte Kaserne
Kanton-verw.
St. Jakob Kirche
Werd
Gessnerallee
Kasernenstr.
Sihl
Schanzengraben
Uraniastr.
Oetenbachgasse
Zürcher Spielzeugmuseum
Limmatquai
Mühlegasse
Zentralbibl.
Niederdorfstr.
Station Zürich-Selnau
Sihlporte
St. Anna Kapelle
City
Augustinergasse
Rathausbrücke
Rathaus
Weinplatz
St.-Peters-K.
Kant. Ger. Geb.
Pelikanplatz
Alter Botan. Garten
Neue Börse
Stauffacherplatz
Stauffacherquai
Sihlhölzlistr.
Selnaustr.
Münsterhof
Münsterbrücke
Zwingliplatz
Grossmünster
Stadths.
Paradeplatz
Bärengasse
Schanzengraben
Kant. Verw.
Kappelergasse
Kreisbüro 1
Kappelerhof
Börsenstr.
Nationalbank
Stadthausquai
Bellevueplatz
Rämistr.
Quaibrücke
Bf. Zh. Stadelhofen
Stadt. Verw.
Bleicherweg
Tonhalle/ Kongresshaus
Bürkliplatz
Sechseläutenpl.
Landungsstelle Theater
Utoquai
Opernhaus
General-Guisan-Quai
Schiffsstation Bürkliplatz
Kreisbüro 2
Tessinerplatz
Bhf. Zürich-Enge
Altersheim
General-Wille-Str.
Arboretum
Kirche Enge
Breitingerstr.
Seebad Utoquai
Limmatschifffahrt
1
2
3
4
5
6
7
8
9
10
11

01 BAHNHOFSTRASSE

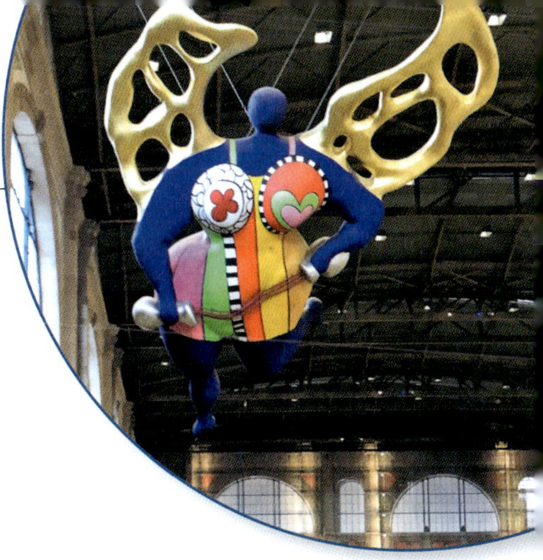

Großer Auftakt für Flaneure. Auf Zürichs teuerster Straße begegnen wir Großbanken und Edelmarken, treffen den „König der Schweiz", einen weltberühmten Pädagogen und ein zutrauliches Nashorn.

1 L'ANGE PROTECTEUR

Wer in Zürich mit dem Zug anreist – und das tun die meisten – wird in der Bahnhofshalle von einem leuchtend blauen Schutzengel begrüßt. Er schwebt unter der hohen Holzdecke und wirkt trotz seines Gewichts von 1,2 Tonnen so schwerelos wie ein Heißluftballon. Die poppig bunten „Nanas" sind das Markenzeichen der Künstlerin Niki de Saint Phalle, die mit den voluminösen, farbenfrohen Frauenfiguren ihre Kindheitstraumata verarbeitete: die Vergewaltigung durch den Vater und die abweisende Strenge der Mutter, die in der Geburt der Tochter den Grund für die Seitensprünge ihres Mannes sah. Die vor Weiblichkeit und Selbstbewusstsein strotzenden Riesinnen sind ein Fanal des Feminismus. Kunst als Ausdruck der Selbstermächtigung und Stärke. Heute begeistert uns die lebensfrohe Ausstrahlung dieser ikonischen Power-Frauen,

L'ange protecteur, Niki de Saint Phalle, 1997

Die beklemmende Kindheit von Niki de Saint Phalle hinterließ auch bei ihren Geschwistern Spuren: zwei von ihnen verübten Selbstmord.

doch in den 70er-Jahren, als die ersten Skulpturen enthüllt wurden, schockierten und provozierten sie, verkörperten sie doch das genaue Gegenteil des damaligen Idealbilds der superschlanken, schüchternen und schutzbedürftigen Frau.

La boule d'or centenaire, Dieter Meier, 2008

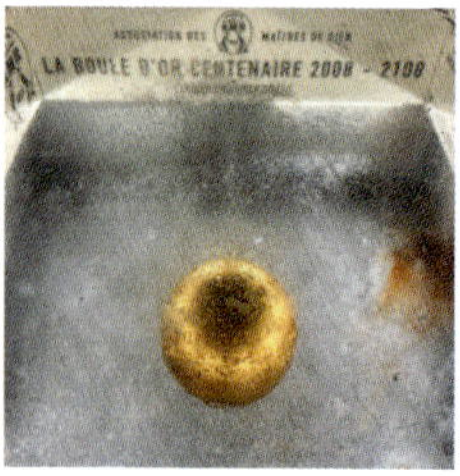

❷ LA BOULE D'OR CENTENAIRE

Im Gegensatz zum unübersehbaren Engel bleibt die „Jahrhundertgoldkugel" des Schweizer Konzeptkünstlers Dieter Meier fast unsichtbar, denn sie ruht im Boden der Bahnhofshalle unter zerkratztem Panzerglas. Ziemlich in der Mitte. Tausende Fahrgäste trampeln täglich über sie hinweg, ohne sie zu bemerken. Seit dem 09. Mai 2008 liegt sie dort, für genau hundert Jahre, also bis zum 09. Mai 2108. Nur ganz selten – insgesamt sechs Mal – wird sie ans Licht geholt und der rote Teppich für sie ausgebreitet. Dann rollt sie vor den Augen der amüsierten Zuschauer über einen Schwebebalken und demonstriert mit jeder Umdrehung, wieviel Schönheit im Verborgenen steckt und in der scheinbaren Sinn- und Zwecklosigkeit des Daseins. Ihren nächsten großen Auftritt hat die Goldkugel am 28. August 2033. Warum gerade dann? Das weiß nur Dieter Meier, der das Spiel mit der Zeit und der menschlichen Neugier liebt.

Zur documenta 1972 installierte er auf dem Bahnhofsvorplatz in Kassel eine 60 x 60 cm große Metallplatte, auf der er ankündigte, hier am 23. März 1994 von 15 bis 18 Uhr persönlich zu erscheinen – und wurde 22 Jahre später mit großem Hallo empfangen. Heute kennt man Dieter Meier primär als Sänger des 1978 gegründeten Elektropop-Duos „Yello".

❸ ALFRED-ESCHER-BRUNNEN

Vor dem Haupteingang des Bahnhofsgebäudes steht Alfred Escher (1819 – 1882) auf hohem Sockel und blickt die Bahnhofsstrasse entlang. Mit großer Genugtuung und berechtigtem Stolz, denn der liberal denkende Politiker stellte die Weichen für den Wirtschaftsaufschwung seiner Heimatstadt. Er trieb den Eisenbahnbau in der Schweiz voran und sicherte die Finanzierung mit

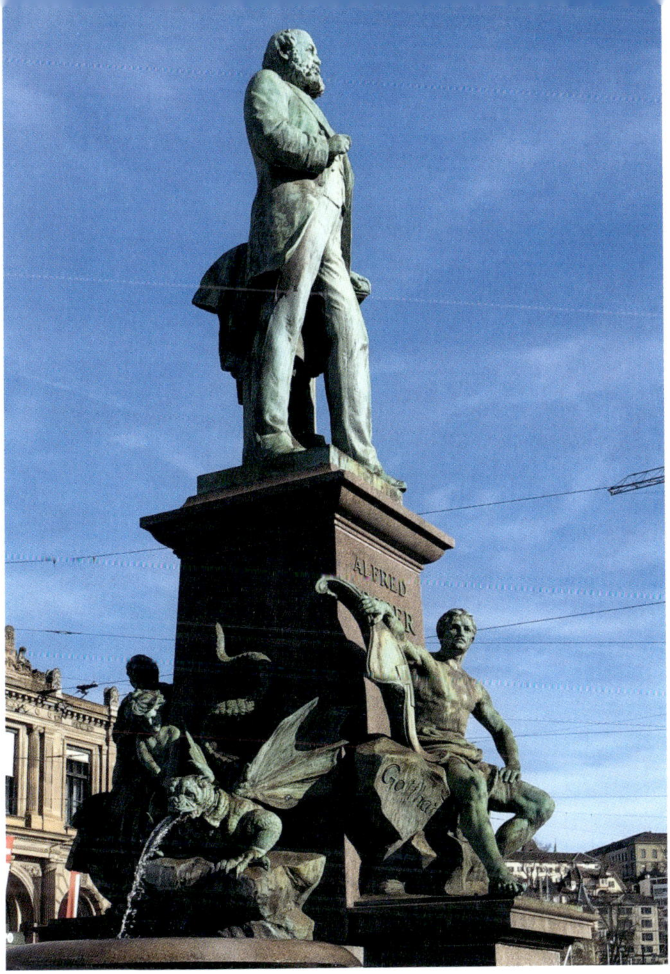

Alfred-Escher-Brunnen, Richard Kissling, 1884 – 1889

der Gründung der Schweizerischen Kreditanstalt (Crédit Suisse), was Zürich als Finanzplatz profilierte und mit Basel gleichziehen ließ. 30 Jahre lang bestimmte Escher, der „König der Schweiz", die Geschicke des Landes, lenkte Wirtschaft, Bildung und Soziales, den Bau des Sankt-Gotthard-Tunnels, der Technischen Hochschule (man brauchte dringend Ingenieure) und der Swiss-Life, der Lebensversicherungs- und Rentenanstalt. Mit 29 Jahren war er Zürcher Regierungsrat, mit 30 Präsident des Nationalrats, also „erster Mann" des jungen Bundesstaats. Das Denkmal ehrt seine Verdienste, wenngleich sein „Hinterzimmer-Politikstil" bisweilen als undemokratisch gescholten wurde. In Zürichs teuerster Einkaufsstraße schaut man mit Anerkennung zu ihm auf.

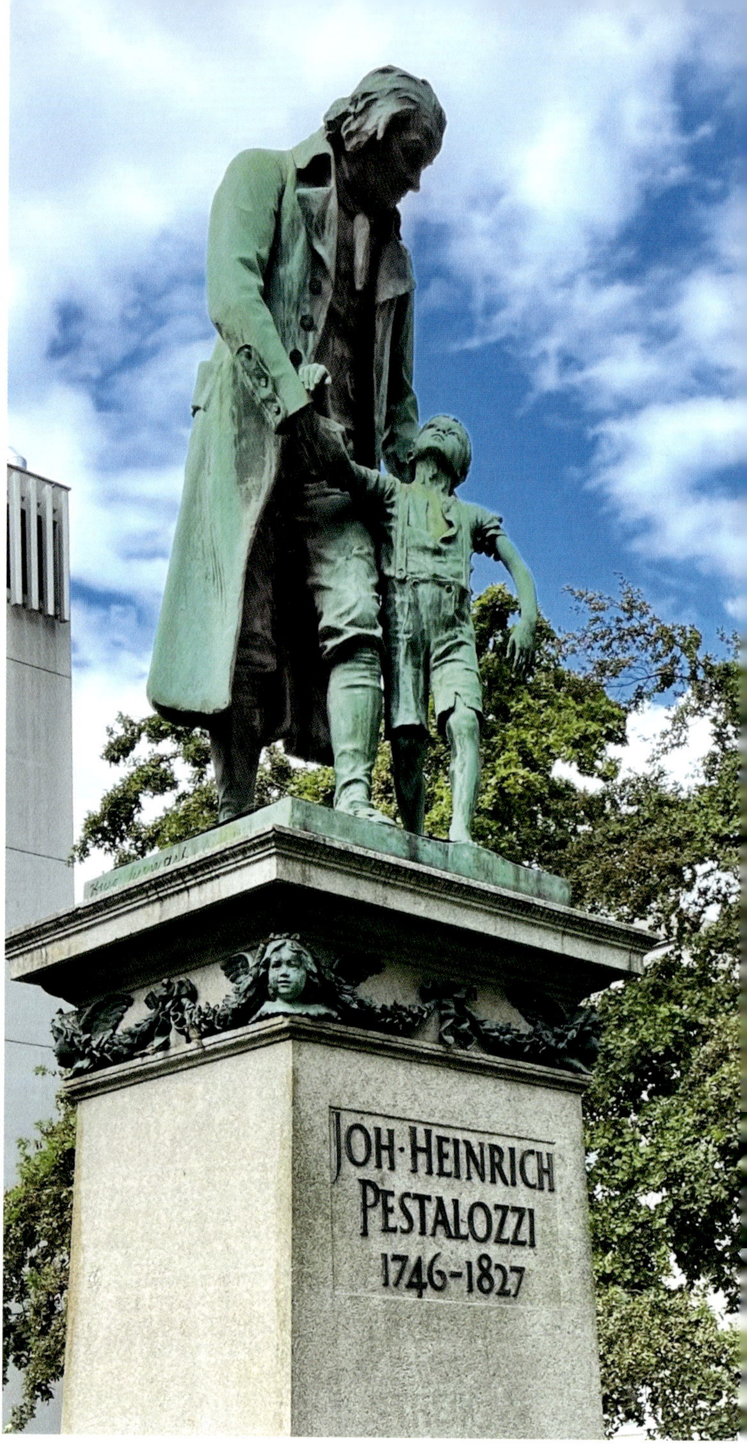

Pestalozzi-Denkmal, Karl Peter Hugo Siegwart, 1898 – 1899

❹ PESTALOZZI-DENKMAL

250 m weiter auf der Bahnhofstrasse öffnet sich eine quadratische Grünfläche, die Pestalozzi-Wiese. In der Mitte der Namensgeber in Bronze: Er beugt sich beschützend zu einem halbwüchsigen Jungen. Es könnte auch ein Mädchen sein, denn Johann-Heinrich Pestalozzi setzte sich schon im 18. Jahrhundert für die gleichberechtigte Schulbildung beider Geschlechter ein, ungeachtet ihrer sozialen Herkunft. Sein ganzheitlicher Ansatz, das Lernen mit Herz, Hirn und Hand, war von den Gedanken des Genfer Philosophen Jean-Jacques Rousseau beeinflusst. Sein Credo: Lernen aus Erfahrung, theoretische Erkenntnis plus praktische Übung, am besten von frühester Kindheit an.

PESTALOZZI – PÄDAGOGE UND SOZIALREFORMER

Johann Heinrich Pestalozzi kam 1746 am Oberen Hirschgraben in Zürich zur Welt. Seine Familie besaß das Stadtbürgerrecht, doch kein Vermögen. Es war ein Glück, dass der intelligente Junge die öffentlichen Schulen mit Bravour durchlief und wie sein Großvater (Pfarrer in Höngg) das Studium der Theologie begann. Pestalozzi wechselte zu Jura, doch brach er auch dieses Studium ab, um sich der Landwirtschaft zu widmen. Er wollte schnell auf eigenen Beinen stehen, um zu heiraten. Staatsdiener oder Unternehmer – eine weitere Alternative gab es im damaligen Zürich nicht. Die Hochzeit mit der acht Jahre älteren Anna Schulthess fand gegen den Willen ihrer Eltern statt. Beruflich lief es nicht so gut. Erst der Handel mit Baumwolle brachte den Wandel, zwar wenig Geld, aber innere Befriedigung: Pestalozzi verwandelte den Bauernhof in ein Armenhaus und brachte den Kindern armer Familien Lesen, Schreiben, Rechnen, sittliches Leben, Spinnen und Weben der Baumwolle bei. Dass er sie zugleich als Arbeitskräfte nutzte, wirkt heute skrupellos, doch Kinder-Heimarbeit war damals nicht unüblich. Bis zu 37 Kinder gleichzeitig lebten unter der Fürsorge des „Waisenvaters", der mit philosophischen und politischen Schriften an die Öffentlichkeit trat und für Bildung, Religions- und Pressefreiheit warb. 1799 gründete er sein eigenes Erziehungsinstitut, das ihn weit über die Grenzen der Schweiz hinaus bekannt machen sollte.

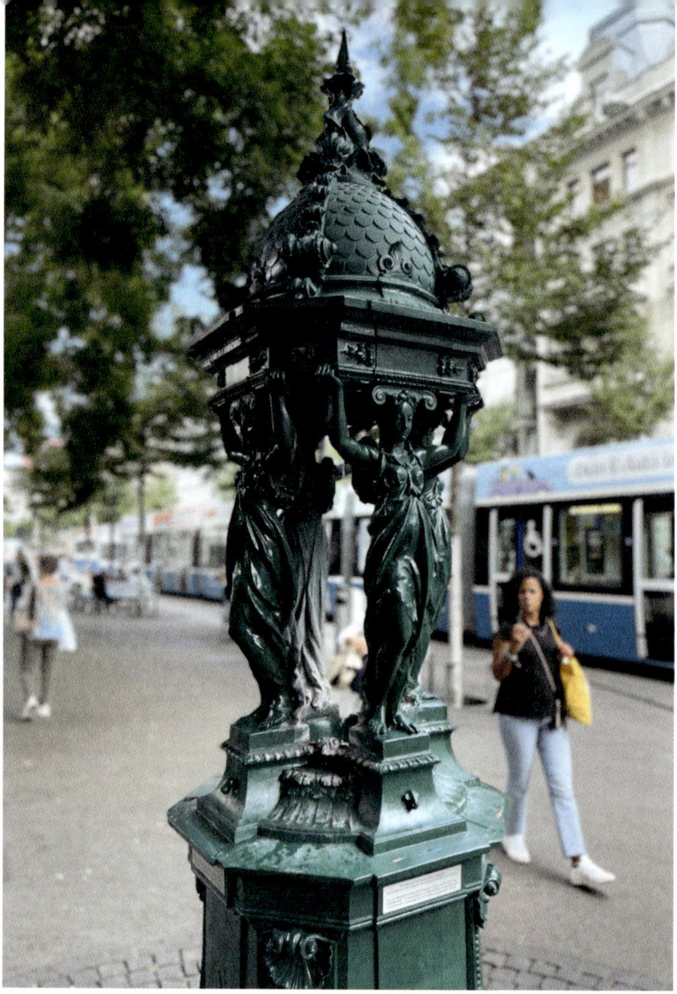

Pariser Brunnen, Künstler unbekannt, 1870 erschaffen, 1982 aufgestellt

5 PARISER BRUNNEN/ FONTAINE WALLACE

An der Ecke Bahnhof- und Usteristrasse lädt ein romantischer gusseiserner Trinkbrunnen zur Erfrischung ein. Vier Karyatiden tragen das kleine kuppelförmige Dach auf ihren erhobenen Händen. Es sind die Nymphen der Einfachheit, Güte, Nächstenliebe und Nüchternheit. Wie passend! Das Vorbild steht an der Seine, daher der Name. 1872 ließ der Engländer Richard Wallace in seiner Wahlheimat Paris zahlreiche Brunnen aufstellen, um die arme Bevölkerung vor der Trunksucht zu bewahren. Im Deutsch-Französischen Krieg waren viele Wasserleitungen zerstört worden und Wein war leichter zu bekommen als sauberes Wasser.

6 HERKULES-BRUNNEN

An der Einmündung des Rennwegs, einer der ältesten und beliebtesten Einkaufsstraßen der Altstadt, steht der muskulöse Halbgott Herkules auf einem Brunnenpfeiler, über dem Arm das Fell des Nemeischen Löwen. Der schlaue Held hatte das unverwundbare Raubtier erwürgt und mit Hilfe der Klauen das Fell abgezogen, um es als schützenden Umhang zu nutzen.

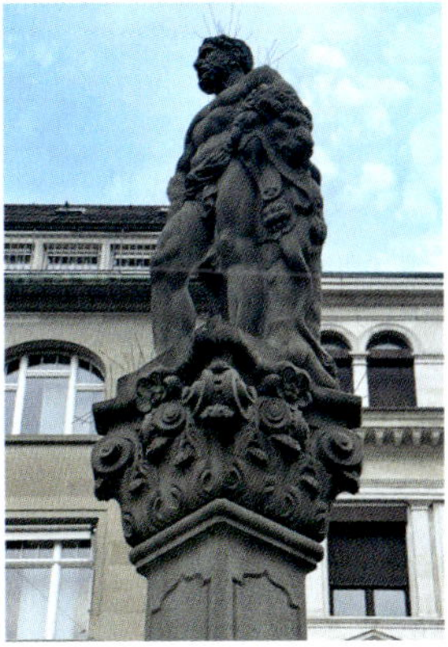

Herkules-Brunnen, Künstler unbekannt, 1732 erschaffen, mehrfach erneuert

Im 16. Jh. stand der Herkules-Brunnen vor dem Stadttor und diente den Ankommenden als Pferdetränke.

7 PAVILLON-SKULPTUR

An der Pelikanstrasse öffnet sich die Bahnhofstrasse zu einer Allee mächtiger Steintore, die an prähistorische Megalithen und antike Tempel denken lassen. Der Parcours aus grauen Granitquadern verlockt zum Hindurchgehen und zum Hinsetzen. Eine Insel der Ruhe im geschäftigen Treiben der Einkaufsstraße. Die strenge geometrische Komposition zeigt den Einfluss des Dessauer Bauhauses, wo der in Winterthur geborene Künstler Max Bill sein Studium begann.

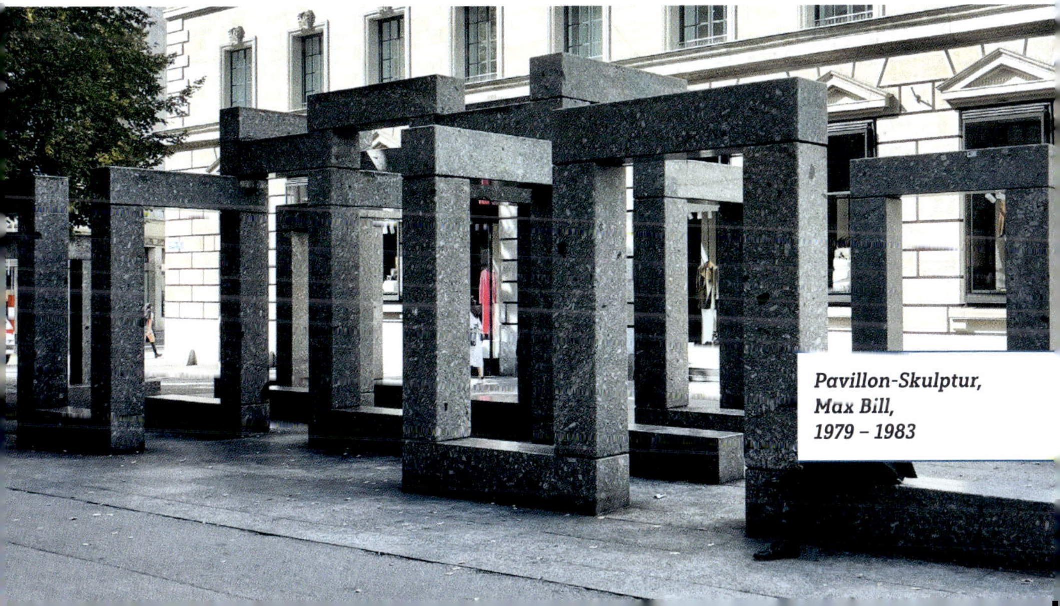

Pavillon-Skulptur, Max Bill, 1979 – 1983

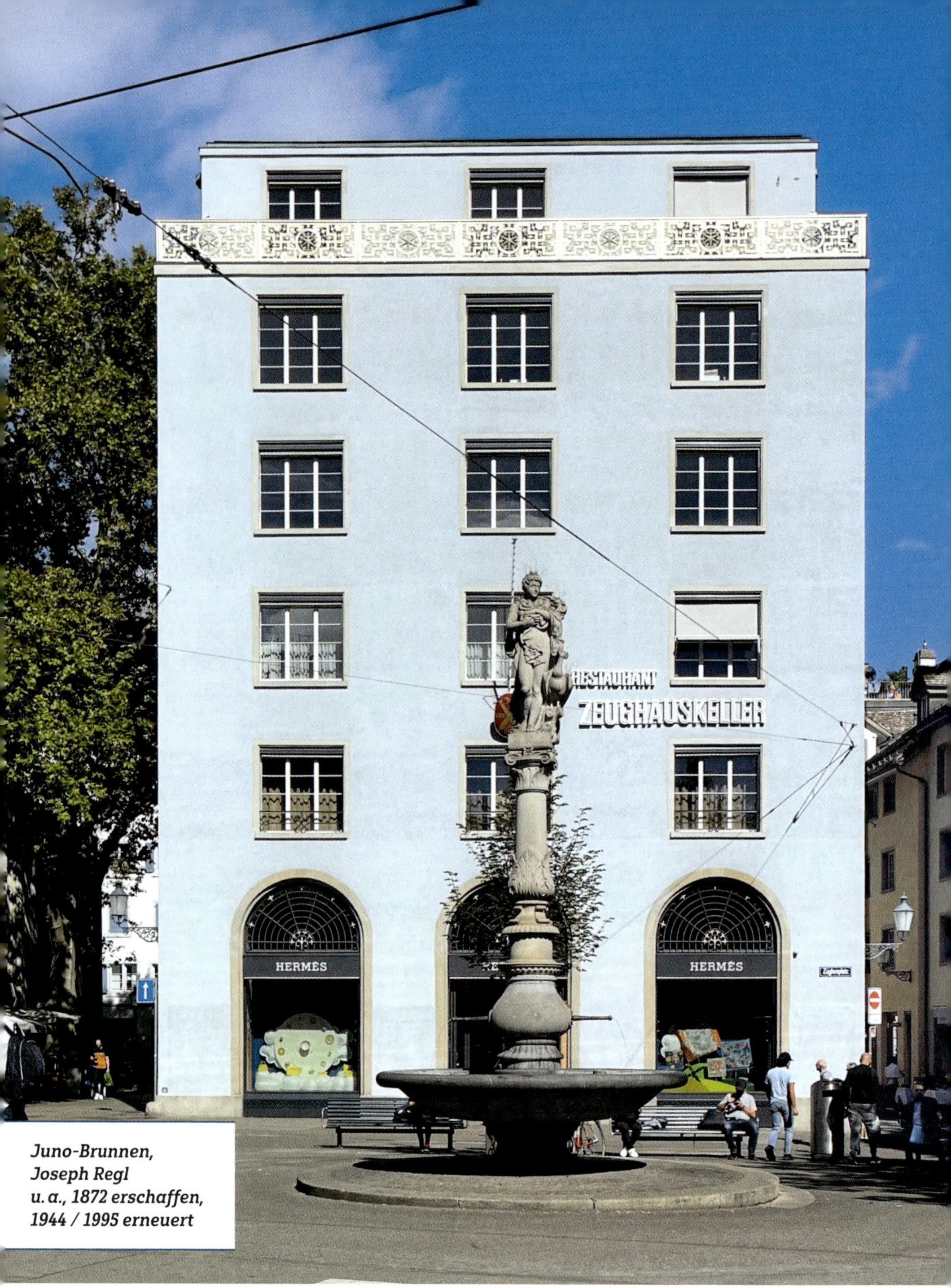

*Juno-Brunnen,
Joseph Regl
u. a., 1872 erschaffen,
1944 / 1995 erneuert*

8 JUNO-BRUNNEN

Auf dem Züghusplatz, neben dem größeren Paradeplatz, steht unter dem markanten Treppengiebel des Peterhofs der Juno-Brunnen, eine von 1.200 sprudelnden Trinkwasserquellen in Zürich.

KONSUMTEMPEL UND KATHEDRALEN DES GELDES

Die Bahnhofstrasse ist die Hauptschlagader der Einkaufs- und Finanzmetropole. 1,4 Kilometer geradeaus, vom Hauptbahnhof zum Zürisee. Zu Lebzeiten von Alfred Escher war sie von Wohnhäusern betuchter Zürcher gesäumt, erst um die Jahrhundertwende begannen repräsentative Geschäfts- und Bankhäuser die Privathäuser zu verdrängen. Für den Peterhof, den die Seidenfirma Grieder 1912/13 errichten ließ, wurde die Villa Windegg versetzt, d. h. sorgfältig abgetragen und im Seefeld neu aufgebaut. Nur zwei Jahre später erbauten die Architekten Gebrüder Pfister im Auftrag des Bankhauses Leu den Leuenhof direkt neben dem Peterhof. Die Besitzer haben gewechselt, die strenge Pracht der neugotischen Fassaden ist geblieben. Nach umfassender Sanierung erstrahlt die Schalterhalle im alten Glanz, jetzt umgewidmet zum Verkaufsraum einer Luxusmarke. Im Hof glänzt eine gigantische Stahlplastik, die als reines Kunstobjekt durchgehen könnte, aber einen funktionalen Hintergrund hat: Sie sichert das Gebäude bei eventuellen Erdbeben.

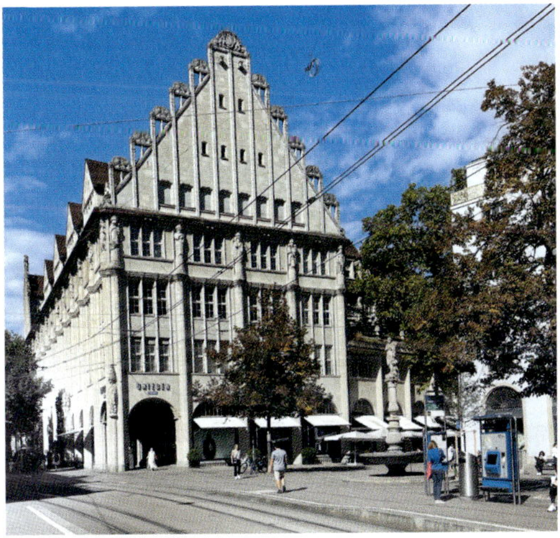

Der Große Aufschwung, Silvio Mattioli, 1979 erschaffen

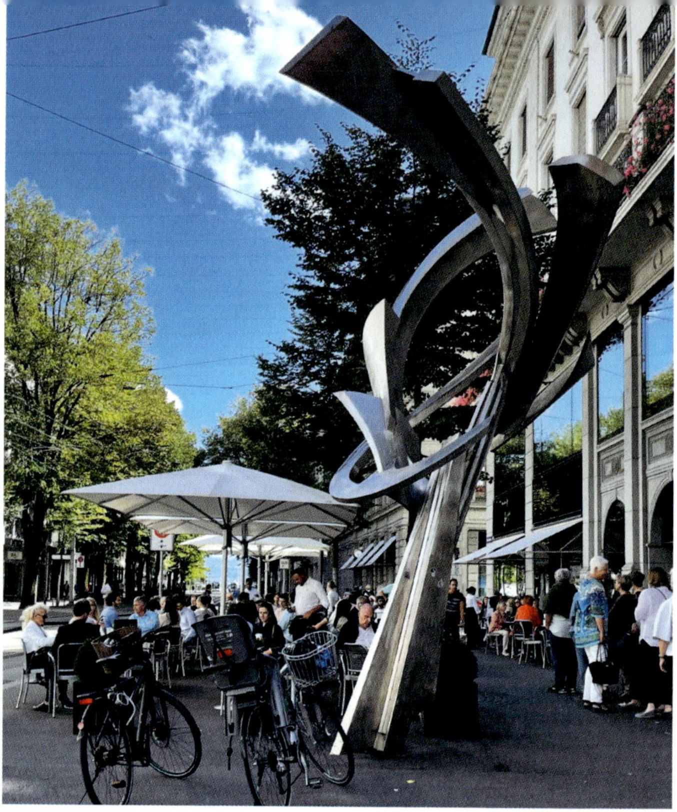

1892 teilte Gründersohn Rudolf Sprüngli das Unternehmen zwischen seinen Söhnen auf. Der eine erhielt die Schokoladenfabrik (heute Lindt), der andere die Konditorei (heute Confiserie Sprüngli).

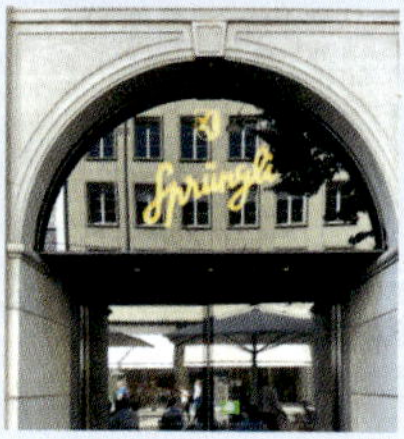

9 DER GROSSE AUFSCHWUNG

Wir folgen der Bahnhofstrasse über den Paradeplatz und stehen nach wenigen Schritten vor der legendären Confiserie Sprüngli und einer abstrakten, geradezu explosiv anmutenden Stahlplastik. Hier kann man Platz nehmen (an den Tischen rund um das Kunstobjekt oder im Café im 1. Stock), einen Kaffee trinken und die berühmten „Luxemburgerli" probieren oder sie wenigstens mit nach Hause nehmen. Vielleicht illustrieren die blitzenden Stahlstreben die zu erwartende Geschmacksexplosion! Wer sich von irdischen Genüssen lösen kann, mag bei Silvio Mattiolis Werk an Planetenringe und Kometen denken, an Umlaufbahn und Strahlen, Energie und Kosmos. Womit wir wieder beim himmlischen Vergnügen wären. Der Künstler, Sohn eines italienischen Schmieds, arbeitete wie Jean Tinguely und Bernhard Luginbühl bevorzugt mit Eisen und Stahl. In und um Zürich begegnet man vielen seiner glänzenden Werke.

10 PANZERNASHORN

200 Meter weiter Richtung Zürisee begegnen wir mitten auf dem Trottoir einem ausgewachsenen Rhinozeros. Das lebensgroße Prachtexemplar mit dem schuppigen braunen Eisenpanzer steht vor der Zürcher Kantonalbank (ZKB), einem Hauptsponsor des Zürcher Zoos. Doch das Rhino war keine Auftragsarbeit; es kam durch Zufall hierher. Der Zürcher Künstler hatte es für eine Ausstellung in der Alten Börse geschaffen und zu spät realisiert, dass das riesige Tier den dortigen Rahmen sprengen würde. Er suchte eine nahegelegene Herberge und fand die ZKB, wo man das Rhino freundlich aufnahm. Es begrüßte die Kunden und wurde bald so populär, dass man es nicht mehr missen wollte. Inzwischen gehört das Kunstwerk der ZKB, die den WWF beim Schutz der lebenden Artgenossen unterstützt.

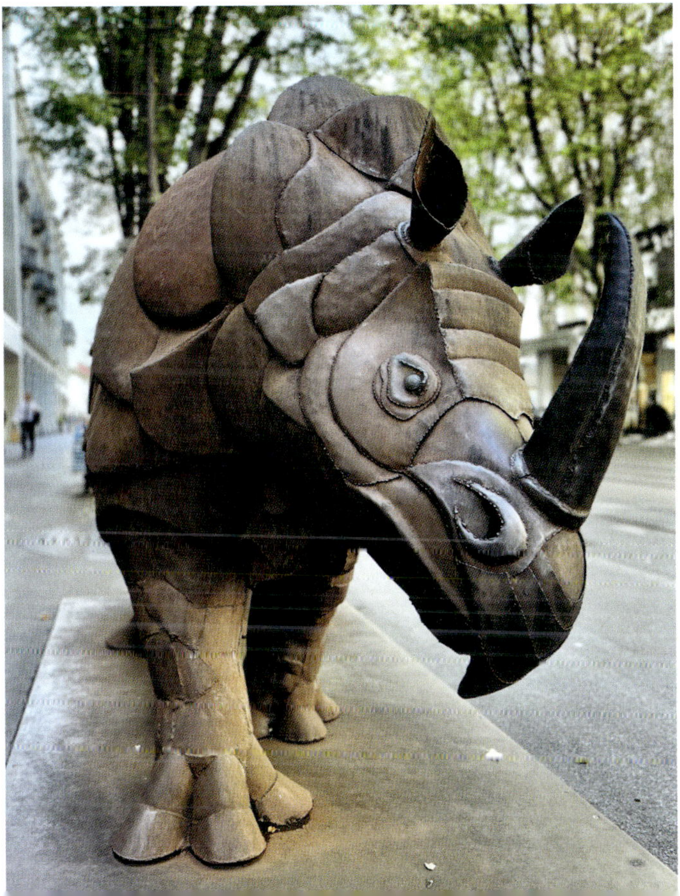

Panzernashorn, John A. Tobler, 1982

11 ZWEI FRAUEN

Hinter der Zürcher Kantonalbank biegen wir rechts in die Börsenstrasse und gleich wieder rechts in die Talstrasse, gehen am Luxushotel Baur au Lac vorbei immer geradeaus bis zum Basteiplatz, wo uns ein schlankes Frauenpaar erwartet. Schulter an Schulter stehen sie aufrecht nebeneinander, die Arme um die Schulter beziehungsweise den Rücken der anderen gelegt. Zwei Freundinnen, (Zwillings-)Schwestern mit kurzem welligen Haar und langgliedrigen, fast androgyn anmutenden Körpern. Modern, lässig, selbstbewusst. Ein Kunstwerk von 1936. Kaum zu glauben, dass die Schweizer Frauen erst 1971 das volle, also das aktive und passive Wahlrecht erhielten.

In der Bärengasse 20, gleich um die Ecke, residiert das zauberhafte Café Miyuko in einem alten Fachwerkhaus. Sara Hochuli und Dominik Grenzler haben es mit viel Kreativität und Feingefühl gestaltet.

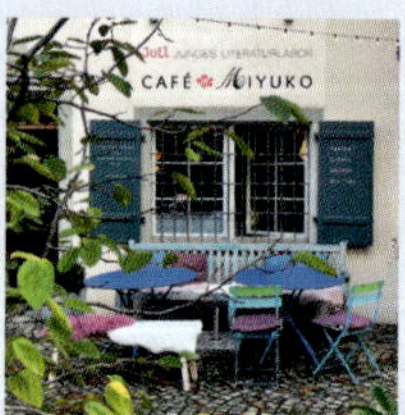

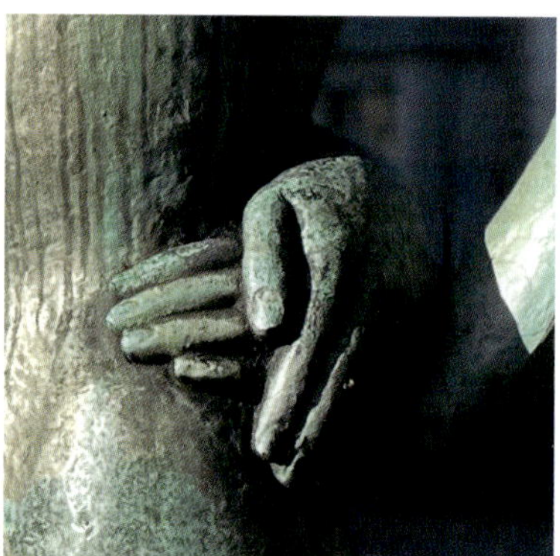

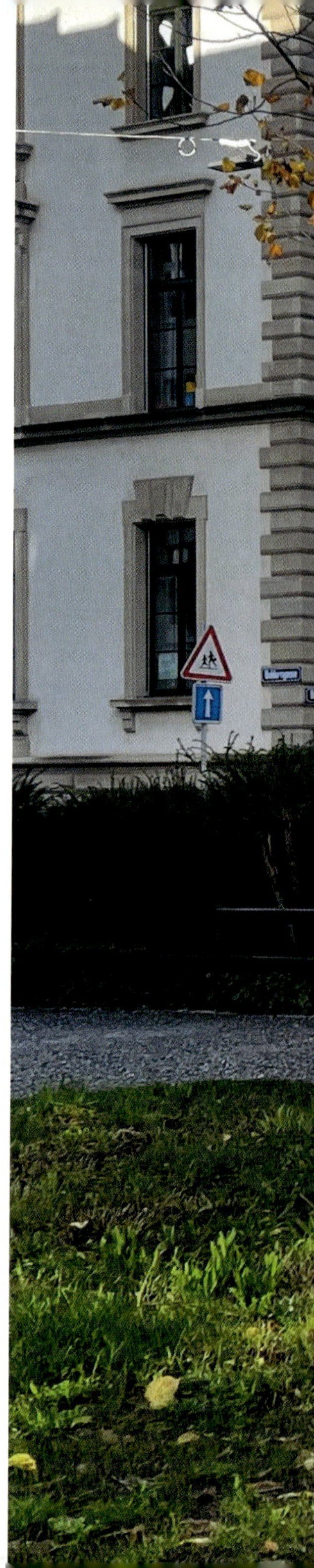

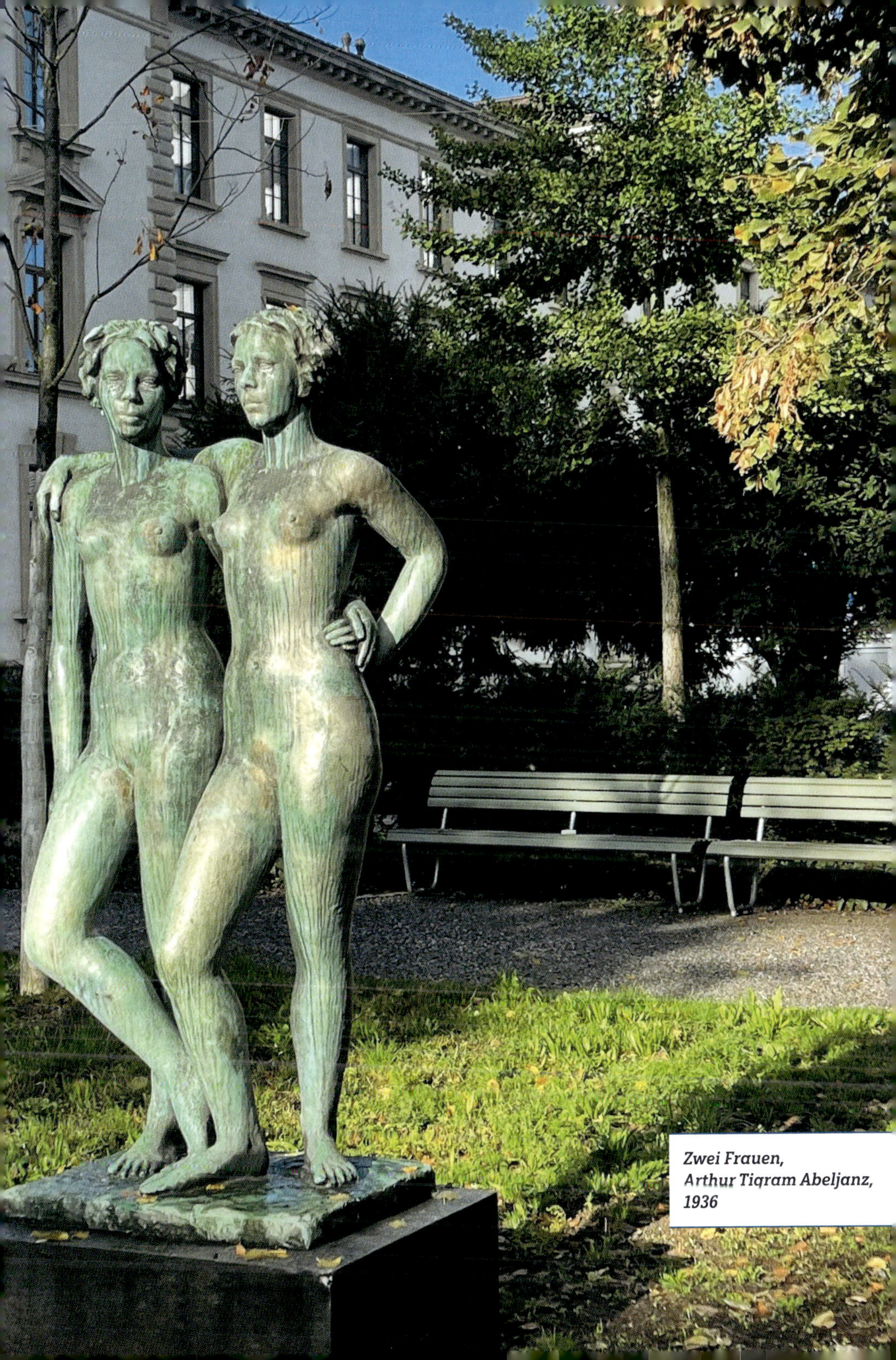

Zwei Frauen,
Arthur Tigram Abeljanz,
1936

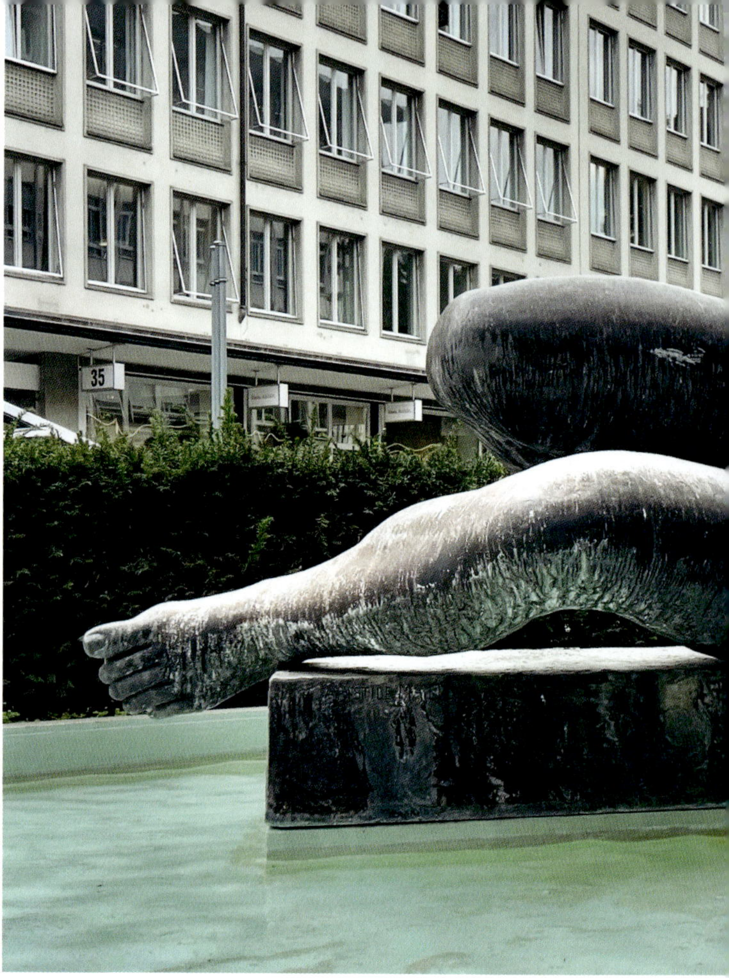

Von hier aus sind es nur 5 Minuten zum „Hiltl", dem „ältesten vegetarischen Restaurant" der Welt – ein Muss, auch für Fleischesser. Sihlstraße 28.

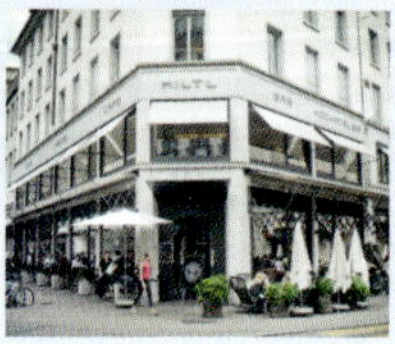

⓬ LA RIVIÈRE

Über die Talstrasse geht es am Alten Botanischen Garten und dem Völkerkundemuseum entlang, bis sich rechter Hand ein Platz öffnet, der zum Talacker und dem Weltwoche-Haus (Nr. 41) führt. In der Mitte eines großen Brunnenbeckens schwebt eine Frau über dem Wasser, halb auf der Seite, halb auf dem Rücken liegend, wie in einer stürzenden Bewegung erstarrt. Becken und Schulter ruhen auf einem flachen Stein, doch Kopf und Schulter senken sich zum Wasser, die Arme sind leicht erhoben, die Beine angewinkelt. Eine Momentaufnahme. Der weibliche Körper als Quelle des Lebens, Inbegriff der Fruchtbarkeit. Die Bronzefrauen von Aristide

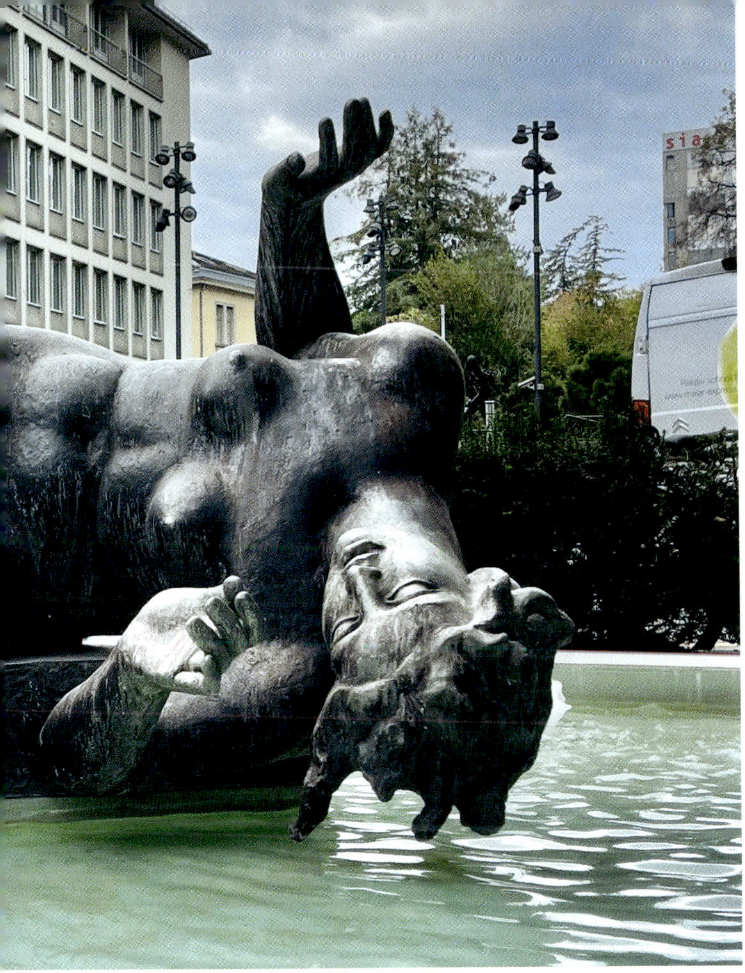

La Rivière, Aristide Maillol, 1938

Maillol verkörpern die Natur und den ganzen Kosmos, tragen Namen wie Méditerranée (Mittelmeer), Montagne (Gebirge), Air (Luft), Été (Sommer) und La Rivière, der Fluss – wie dieser lebensspendende, „aufgewühlte" Körper über dem Brunnenbecken.

Maillol studierte Malerei in Paris, arbeitete mit Keramik, Web- und Knüpftechnik, bis ihn ein Augenleiden zum plastischen Gestalten trieb. Frauenkörper wurden sein Markenzeichen, eine üppige, in sich ruhende Sinnlichkeit, die sich selbst genügt, ohne etwas von außen zu erwarten.

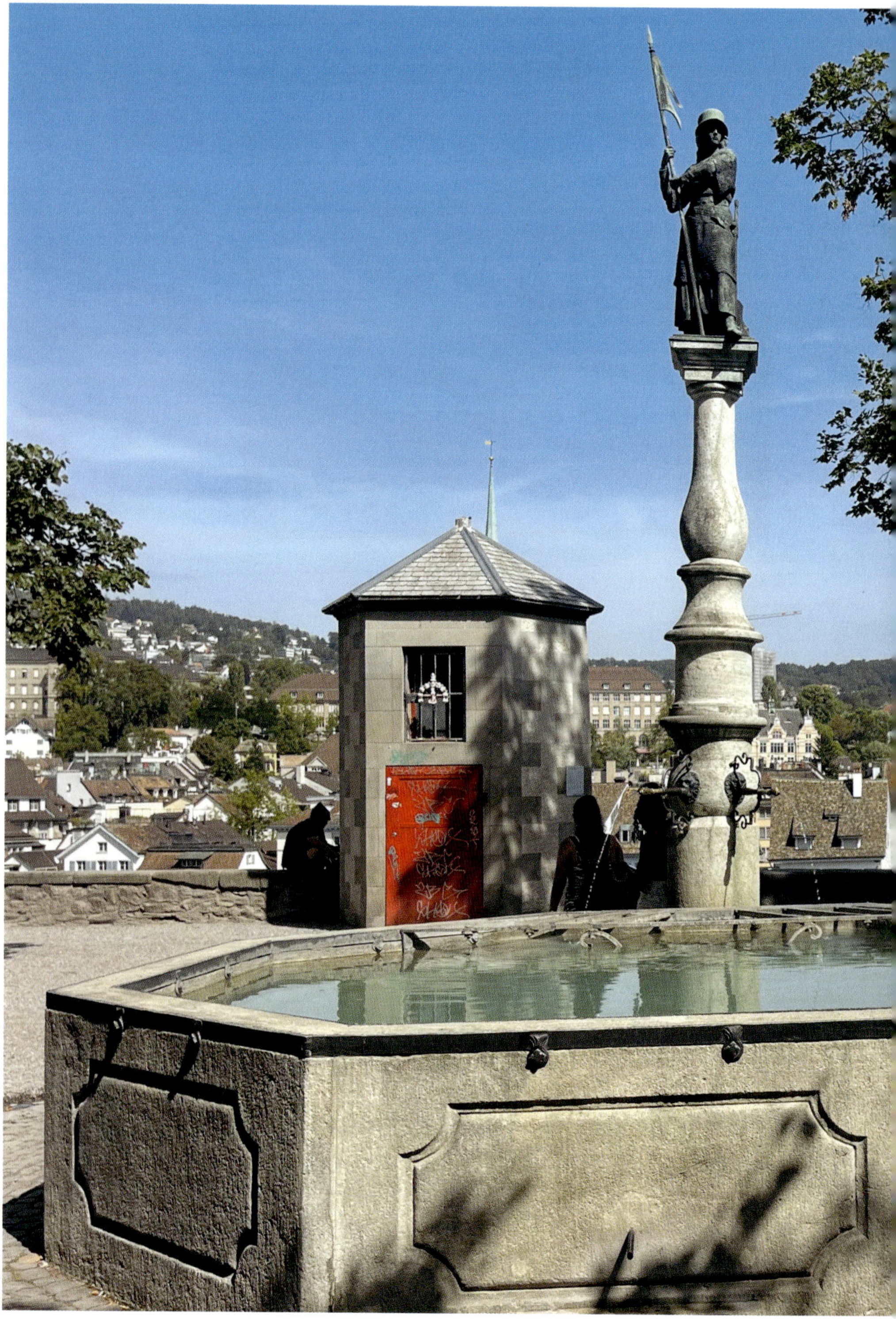

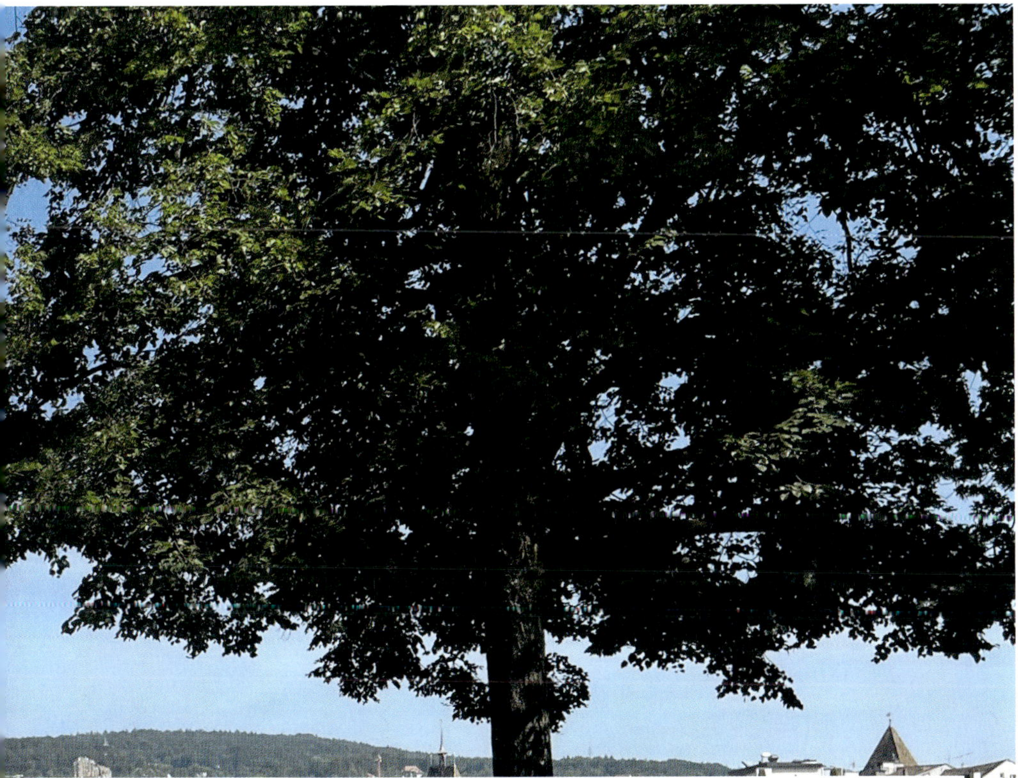

Altstadt links
der Limmat

Stadtspaziergang Zwei

Dauer:
1 bis 2 Stunden

Verbindung:
Tram 2, 4, 5, 8, 9, 11, 13, Haltestelle Bürkliplatz

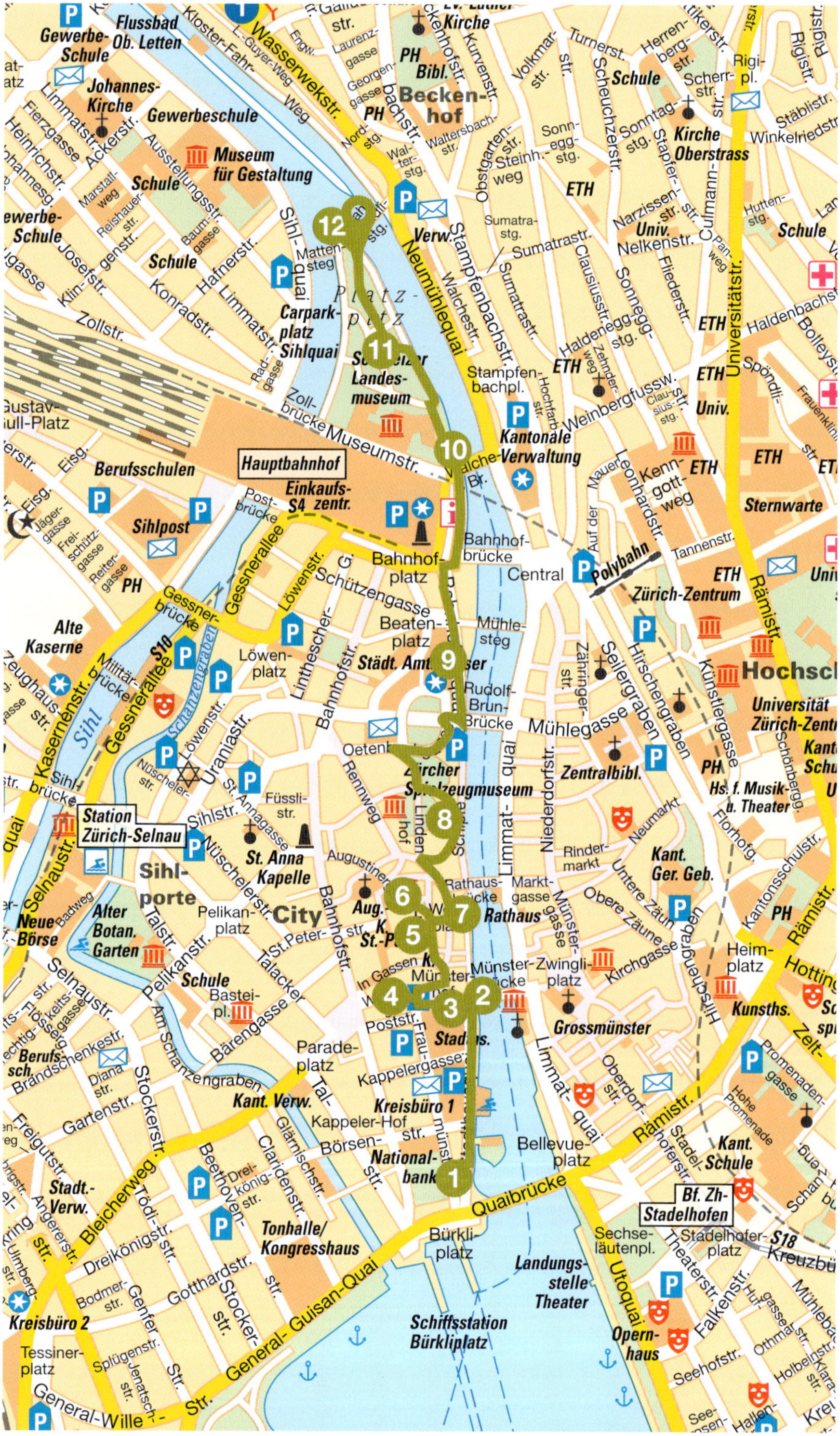

Flussbad Ob. Letten
Gewerbe-Schule
Johannes-Kirche
Gewerbeschule
Museum für Gestaltung
Schule
Wasserwerkstr.
Kirche
PH Bibl.
Beckenhof
Schule
Kirche Oberstrass
ETH
Univ.
Neumühlequai
Stampfenbachstr.
Sumatrastr.
Universitätstr.
Carpark-platz Sihlquai
Platzspitz
Schweizer Landes-museum
Zollstr.
Hauptbahnhof
Museumstr.
Einkaufs-zentr.
S4
Walche-Br.
Kantonale Verwaltung
Berufsschulen
Sihlpost
Bahnhofbrücke
Bahnhofplatz
Central
Polybahn
Zürich-Zentrum
Sternwarte
Gessnerallee
Löwenstr.
Schützengasse
Beatenplatz
Löwenplatz
Städt. Amtshäuser
Mühlesteg
Rudolf-Brun-Brücke
Mühlegasse
Hochschule
Universität Zürich-Zentrum
Alte Kaserne
Kasernenstr.
Sihl
Schanzengraben
Uraniastr.
Bahnhofstr.
Zürcher Spielzeugmuseum
Lindenhof
Limmatquai
Niederdorfstr.
Zentralbibl.
Hs. f. Musik u. Theater
Station Zürich-Selnau
Sihlporte
St. Anna Kapelle
City
Rathaus
Kant. Ger. Geb.
Neue Börse
Alter Botan. Garten
Schule
Bärengasse
Münster-brücke
Zwingliplatz
Grossmünster
Stadthaus
Poststr.
Paradeplatz
Kappelergasse
Kant. Verw.
Kreisbüro 1
Nationalbank
Bellevueplatz
Rämistr.
Kunsths.
Kant. Schule
Bf. Zh-Stadelhofen
Quaibrücke
Bürkliplatz
Tonhalle/ Kongresshaus
Bleicherweg
Stadt.-Verw.
Kreisbüro 2
General-Guisan-Quai
Schiffsstation Bürkliplatz
Landungsstelle Theater
Utoquai
Opernhaus
Sechseläutenpl.
S18
Tessinerplatz
General-Wille-Str.
1
2
3
4
5
6
7
8
9
10
11
12

02 ALTSTADT LINKS DER LIMMAT

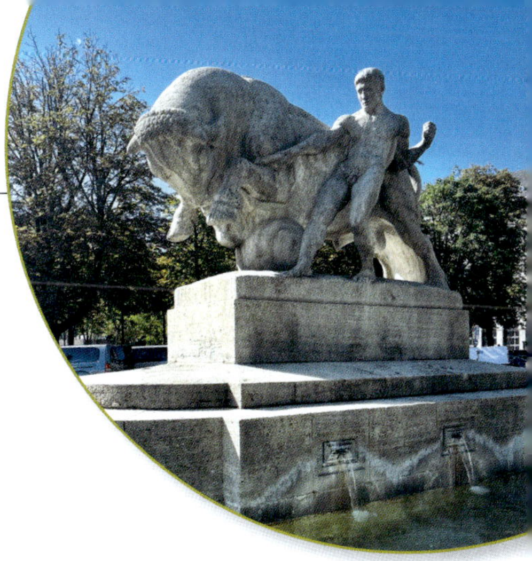

Romantik und Geschichte(n) links der Limmat, zwischen Bürkliplatz und Platzspitz. Von mutigen Männern und tapferen Frauen, von Wein im Brunnen und Blumen auf der Polizeistation.

1 GEISERBRUNNEN

Die Bahnhofstrasse endet am Bürkliplatz und hier beginnt der Spaziergang durch die Altstadt am linken Ufer der Limmat. Neben dem Grün der Stadthausanlage, wo dienstags und freitags ein Wochenmarkt stattfindet, steht der Geiserbrunnen, gekrönt von einer Skulptur aus Muschelkalk. Ein Zweikampf, Mann gegen Stier. Ist es ein griechischer Held (etwa Herkules oder Theseus) oder ein Landmann, der mit starker Hand den widerspenstigen Bullen zügelt? Benannt ist das Werk nach seinem Stifter, dem Architekten und Zürcher Stadtbaumeister Arnold Geiser. 32 Jahre lang prüfte und plante er die Neugestaltung der Stadt, so den Friedhof Sihlfeld und die städtischen Badeanstalten, darunter den reizenden Jugendstilbau des „Frauenbadi", das 200 Meter weiter am Stadthausquai vertäut liegt – exklusiv fürs weibliche Geschlecht.

Geiserbrunnen, Jakob Brüllmann, 1911

Die Zürcher Altstadt erstreckt sich links und rechts der Limmat, die an der Quaibrücke aus dem Zürisee fließt

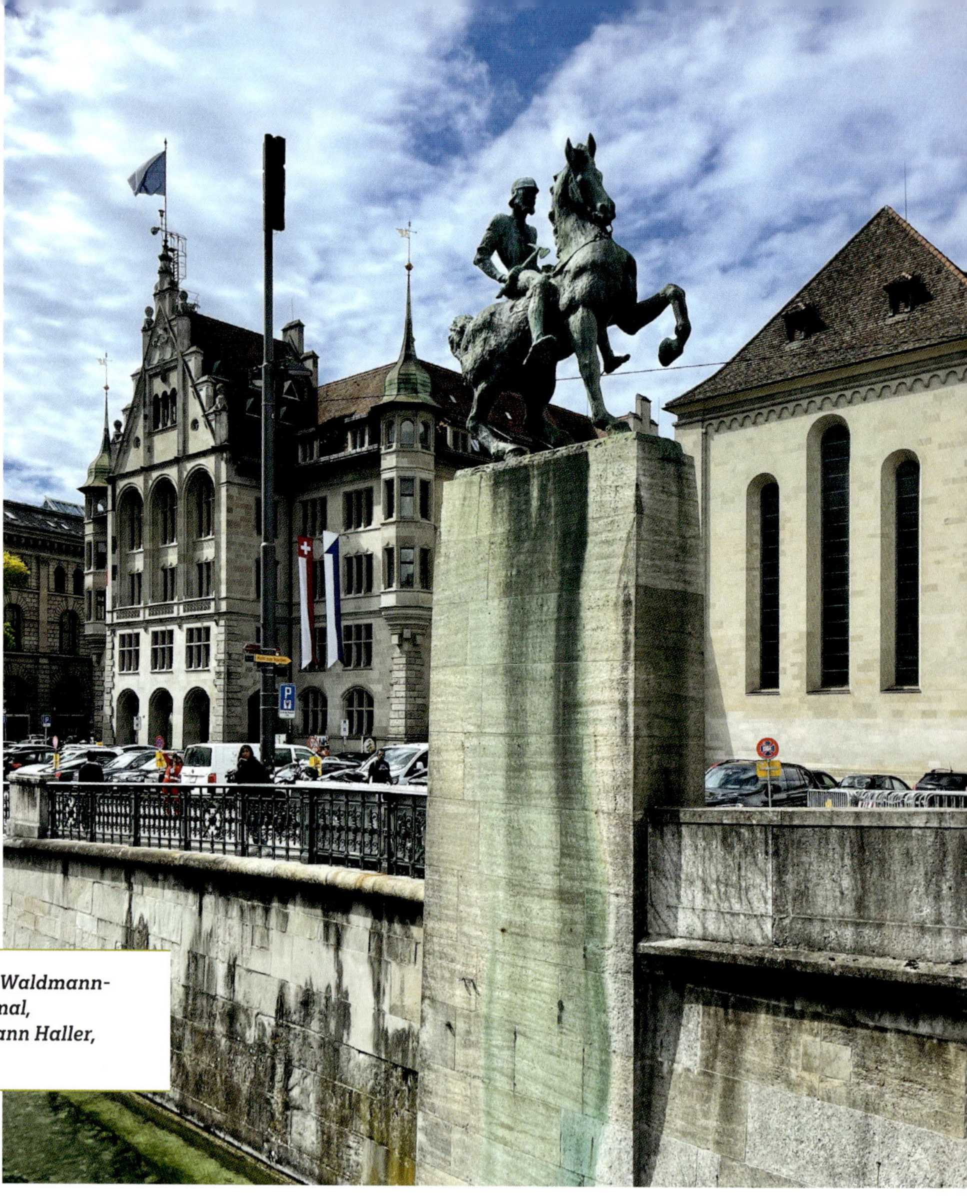

Hans-Waldmann-Denkmal, Hermann Haller, 1937

2 HANS-WALDMANN-DENKMAL

Am Ufer der Limmat entlang und vorbei am Frauenbadi erreichen wir die Münsterbrücke und die Reiterstatue von Hans Waldmann. Ein Bauernjunge, der von den Zürchern zum Bürgermeister erhoben und später enthauptet wurde. Aufstieg und Fall im stürmischen Mittelalter.

Waldmann wird 1435 in Blickensdorf geboren. In Zürich erlernt er das Gerberhandwerk, wird Zunftmeister und Heerführer, erringt im Kampf gegen die Burgunder Erfolg und Ansehen. 1476 wird er zum Ritter geschlagen, 1483 zum Bürgermeister von Zürich ernannt.

Waldmann regiert mit fester Hand, begrenzt die Macht der Kirche und stärkt das Bürgertum. Der Landbevölkerung misstraut er, verbietet Versammlungen und das Jagen. Als er die Hof- und Jagdhunde töten lässt, kommt es zum Aufstand. Dieses Recht wollen sich die Bauern nicht nehmen lassen, schon gar nicht von einem, der mit den Habsburgern sympathisiert. Landleute und Adlige verbünden sich gegen ihn. Vor dem Zürcher Rathaus wird er festgenommen, eingekerkert und wenig später öffentlich hingerichtet. Dass er heute an so prominenter Stelle ein Standbild hat, mag verwundern. Es gilt dem ehrgeizigen Landmann und berittenen Anführer.

3 CHAGALL-FENSTER IM FRAUMÜNSTER

Blickt man vom Waldmann-Denkmal zu den Kirchenfenstern des Fraumünsters empor, hat man schon das nächste Kunstwerk im Blick: die Glasfenster von Moishe Segal, besser bekannt unter seinem französischen Namen Marc Chagall. Sie entfalten ihren Zauber erst im Innenraum, mit einer Leuchtkraft und Farbigkeit, wie man sie in protestantischen Kirchen selten antrifft. Kein anderer Künstler hat die alttestamentarischen Geschichten in so märchenhafte Traumbilder verwandelt. Engel, Tiere, Pflanzen in schwebender Leichtigkeit. Während der russische Konstruktivismus und die abstrakte Kunst die Ausstellungsräume eroberten, blieb der tiefgläubige Malerpoet dem Figürlichen treu, malte Pferde, Geiger und Liebespaare, die dörfliche Idylle seiner Kindheit im weißrussischen Witebsk, Motive aus der Welt des chassidischen Judentums, Leben und Tod, Glaube, Liebe, Hoffnung.

Das nördliche Glasfenster im Querschiff wurde 1945 von Augusto Giacometti gestaltet.

„Ich las die Bibel nicht, ich träumte sie."

Münsterhofbrunnen, Romero Schaefle Partner Architekten 2016

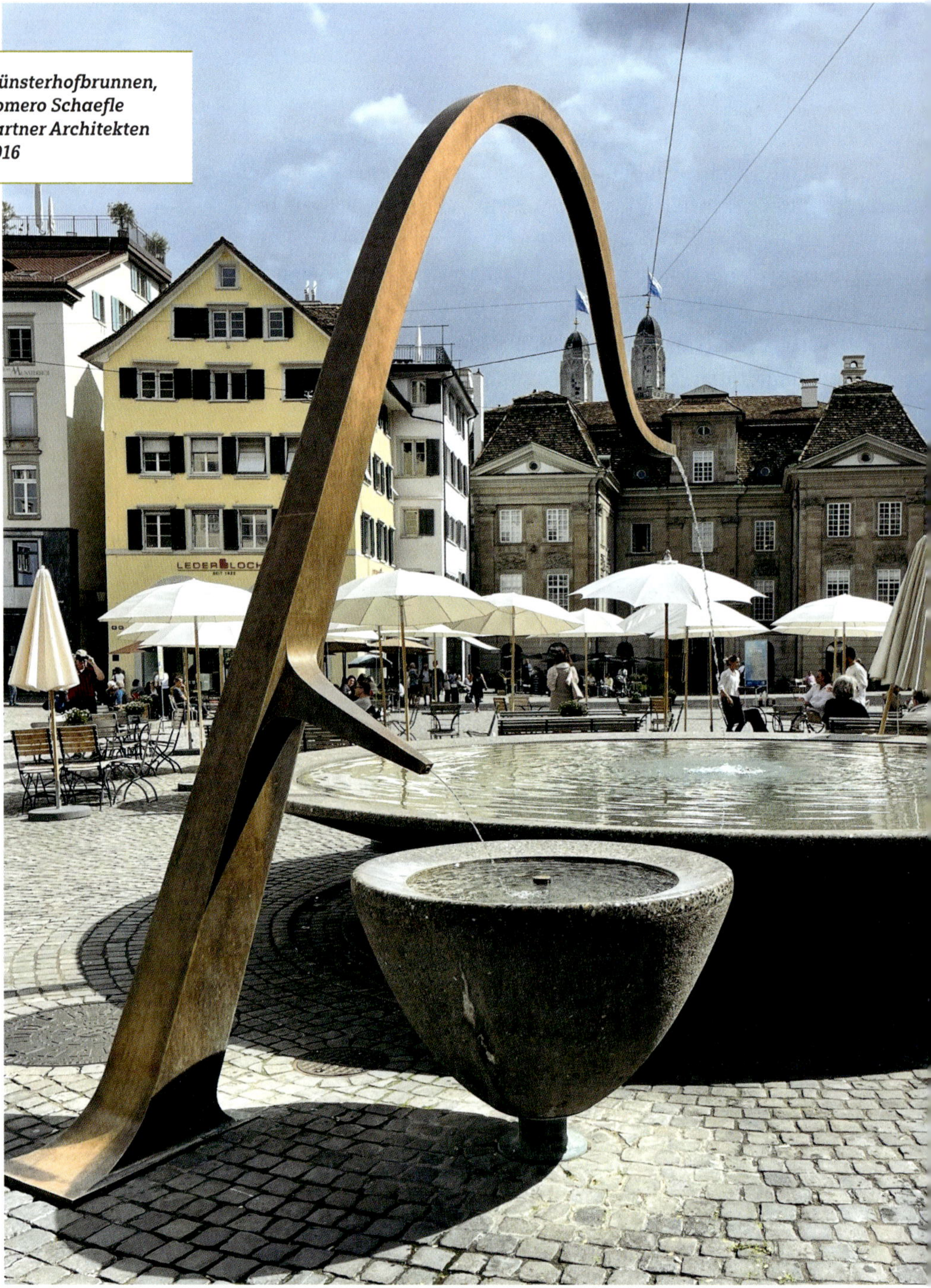

4 MÜNSTERHOFBRUNNEN

Neben dem Fraumünster öffnet sich der Münsterhof mit seinen hochmittelalterlichen Bürgerhäusern. Sechs Meter im Durchmesser misst die gigantische Brunnenschale vor dem Zunfthaus zur Waag, die aus einem eleganten, hoch geschwungenen Bronzerohr gespeist wird. Zu hoch, um den Wasserstrahl aufzufangen. Durstige Zürcher beugen sich zum kleineren Steinbecken direkt daneben und halten den Mund an die kurze Leitung, die zu eben diesem Zweck aus dem Zulauf abzweigt. Die Wenigsten wissen, dass es mit dem kleinen Wasserspender eine besondere Bewandtnis hat. Er kann auch Wein ausschenken, unter strengen Auflagen. Zu besonderen Anlässen wie dem jährlichen Sechseläuten findet vor dem Fraumünster „das Wunder zu Kana" statt: Dann füllt sich das Glas unter der Wasserleitung mit Wein. Ein Streicheln (Los) und Tippen (Stopp) des Brunnenwarts genügt. Genau eine Stunde lang fließt der Rebensaft, mehr verbietet die Satzung.

Beim Sechseläuten Mitte April ziehen die Zünfte in historischen Kostümen zum Sechseläutenplatz, um den Böögg zu verbrennen, eine Figur, die Winter und Kälte symbolisiert.

5 KLIMA-ZWINGLI

Über Storchen- und Stegengasse erreichen wir die Kirche Sankt Peter, die auf einem kleinen Hügel thront und zusammen mit Frau- und Grossmünster die Silhouette der Altstadt prägt. Vielleicht begrüßt Sie im Vorhof der Klima-Zwingli, eine Statue aus Glasfaserkunststoff, die entfernt der Bronze des Reformators ähnelt, welche vor der Wasserkirche am anderen Limmat-Ufer steht (s. u.). Zum 500. Jahrestag der Zürcher Reformation wurden 2019 zahlreiche Doppelgänger im Stadtgebiet aufgestellt, um den Diskurs heutiger Probleme anzustoßen, ganz im Sinne des streitbaren Theologen.

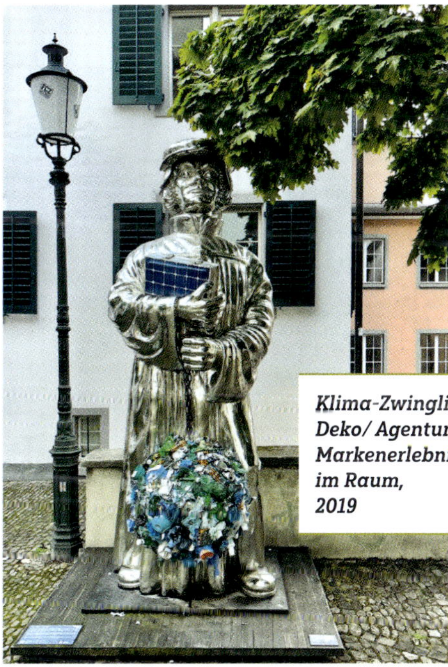

Klima-Zwingli, Walt Deko/ Agentur für Markenerlebnisse im Raum, 2019

Brunnenplastik, Charlotte Germann-Jahn, 1974

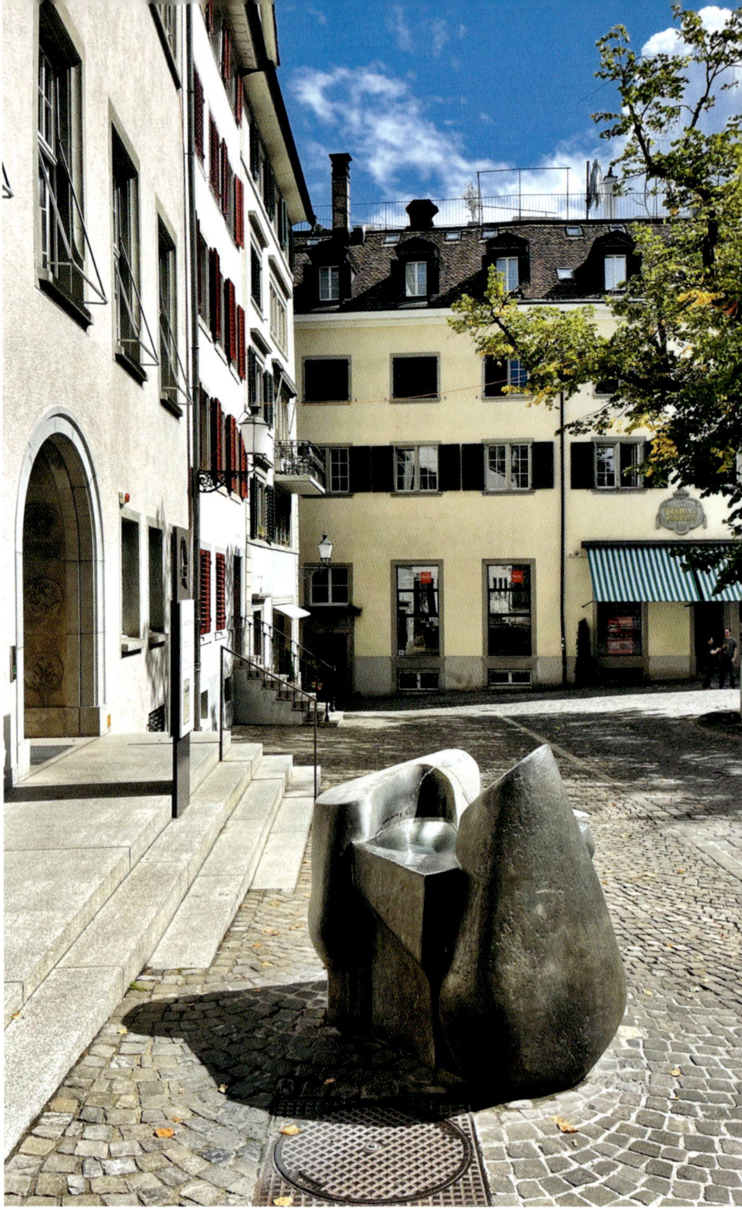

Über den Dächern der Altstadt liegt „The Nest", die Roof Top Bar des Hotel Storchen am Weinplatz 2.

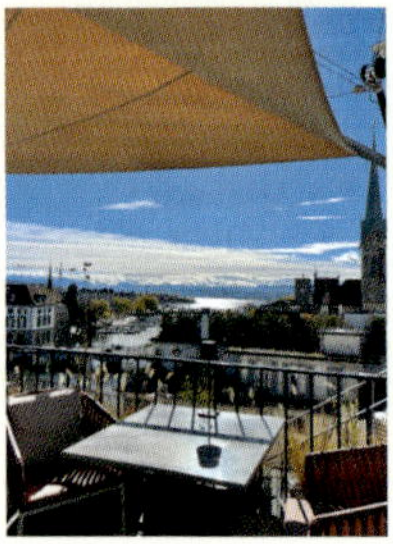

6 BRUNNENPLASTIK

An Sankt Peter entlang führt die Schlüsselgasse zur Sankt-Peterhofstatt, einem pittoresken Altstadtplätzchen, das mit der Brunnenplastik der Bildhauerin Charlotte Germann-Jahn einen modernen Kontrapunkt erhalten hat.

7 WINZERBRUNNEN

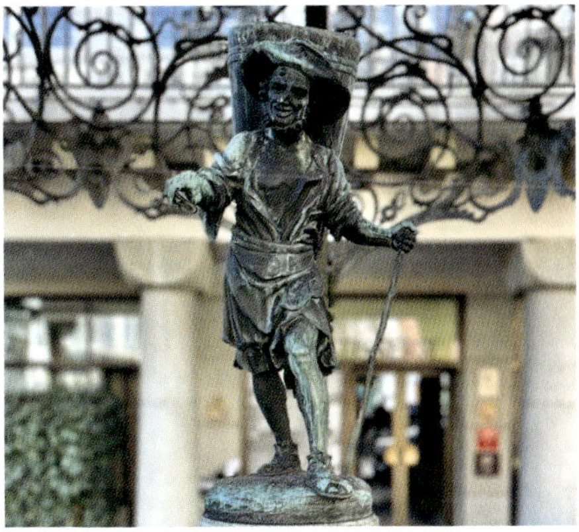

Winzerbrunnen, Johann Regl, 1626, Kopie von 1908

Wir gehen hundert Meter bis zum Weinplatz am Ufer der Limmat. Dann ein Stück zurück auf der Schlüsselgasse, die Stufen hinab in die Weggengasse, rechts in die Strehlgasse und wir stehen vor dem reizenden schmiedeeisernen Winzerbrunnen. Von 1630 bis 1674 wurden hier die heimischen Weine gehandelt, bevor der Markt aus Platzgründen zum Münsterhof umzog. Der Name blieb. Seit 1908 erinnert die Brunnenfigur an die frühere Bestimmung: Ein Weinbauer mit Schlapphut, Stock und Trauben-Kiepe, die Kopie einer 1626 in Österreich entstandenen Statue.

8 HEDWIGBRUNNEN

Via Strehlgasse und Schipfe geht es aufwärts zum Lindenhof, einer großen Anhöhe über dem Fluss mit herrlichem Ausblick. Die Weitsicht lud ein, sich hier niederzulassen, und viele kamen, bauten Kastelle, Pfalzen und Wachtürme: Kelten, Römer, Alemannen, Karolinger und Ottonen. Im 12. Jahrhundert waren die Siedlungen verschwunden, gerade rechtzeitig für den Einsatz der tapferen Zürcherinnen, an die ein Brunnenbecken erinnert. Die Brunnenfigur zeigt Hedwig ab Burghalden mit Kettenhemd, Helm und Lanze, eine Zürcher Jeanne d'Arc. Als 1292 der Habsburger Herzog Albrecht I. anrückte, weil er wusste, dass die Stadt im Kampf gegen Winterthur unterlegen und geschwächt war, formierte sie auf dem Lindenhof ein Heer der Frauen. Doch es kam nicht zum Kampf, denn schon der Anblick der geharnischten Menschenmenge in bzw. über der Stadt ließ den Angreifer umkehren; die Stadt war gerettet. So die Legende.

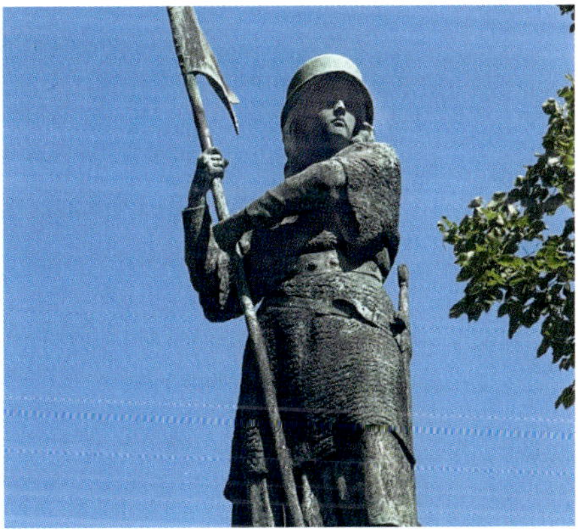

Hedwigbrunnen, Gustav Siber, 1912

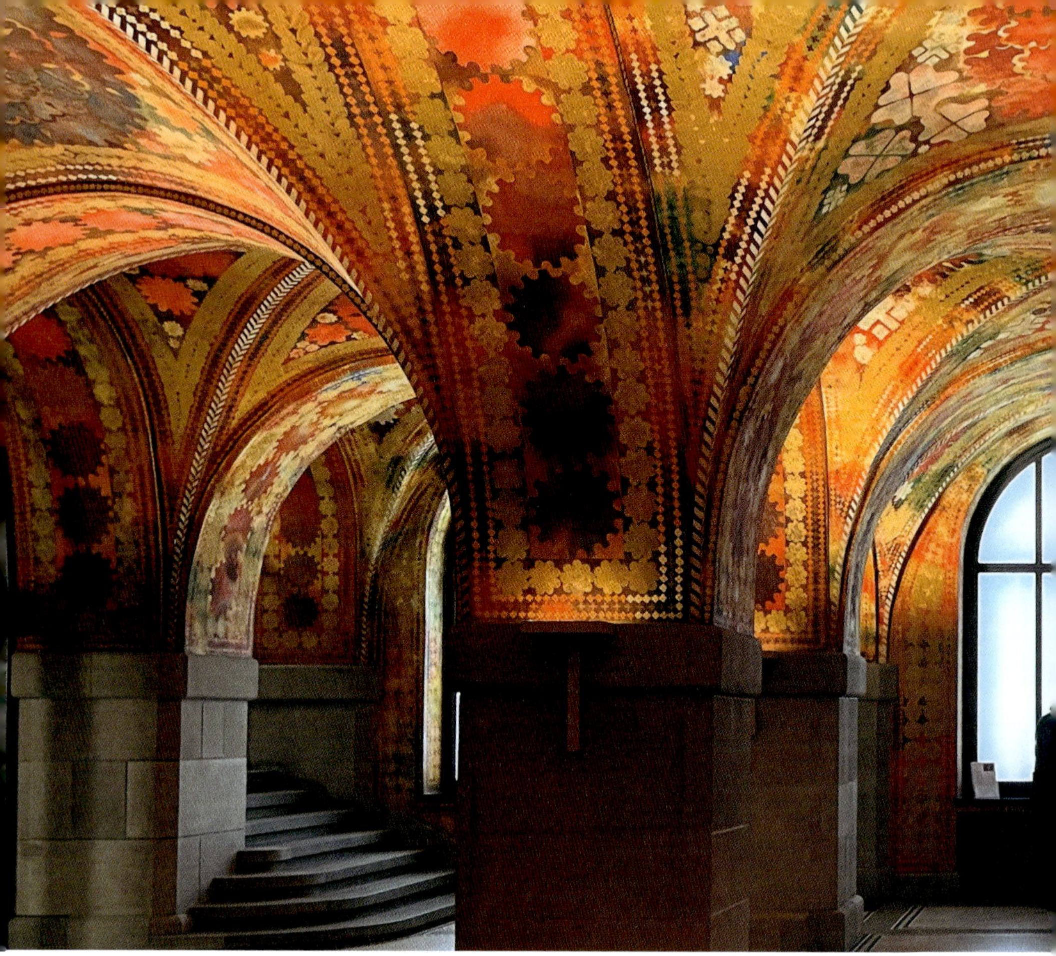

Heimethus, Wilhelm Hartung, 1939

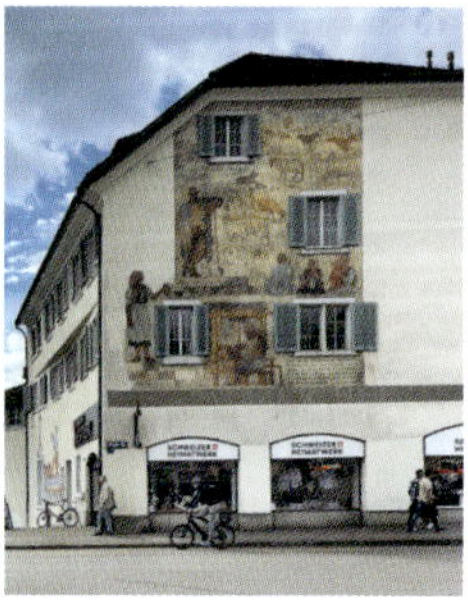

9 BLÜEMLIHALLE

Über Rollen- und Wohllebgasse, Schipfe und Heiristeg gelangt man zur Rudolf-Brun-Brücke und dem Schweizer Heimatwerk (Uraniastrasse 1), in dessen Verkaufsräumen sich die hohe Handwerkskunst der Eidgenossen in ihrer ganzen Vielfalt präsentiert, was schon in den bebilderten Fassaden zum Ausdruck kommt. Man überquert die breite Uraniastrasse und steigt zum eindrucksvollen Amtshaus 1 hinauf, dem Sitz der Zürcher Stadtpolizei, denn die Regionalwache City zählt zu den sehenswertesten Gebäuden der Stadt. Zumindest die Eingangshalle. Sie verzaubert mit warmen Rottönen, Blumen- und Wandbildern, teils auf feuchten Putz (Fresco), teils auf trockenen Putz (Secco) gemalt. Die zar-

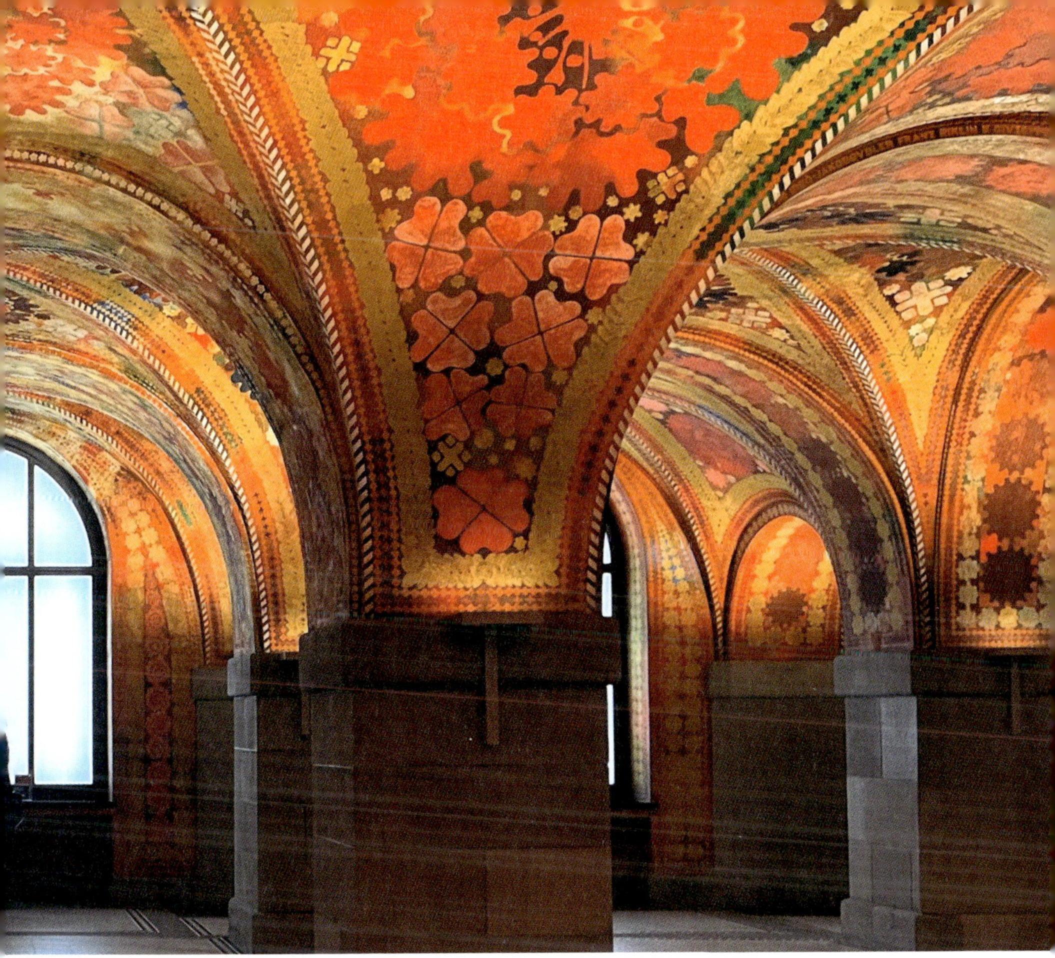

ten, bilderbuchhaften Motive zeigen Szenen aus Handwerk, Wissenschaft und Astronomie. Ein überraschender Kontrast zum Grau der Zürcher Hausfassaden. Das niedrige Gewölbe mit den wuchtigen Stützpfeilern war nicht zum Vestibül bestimmt, sondern der Keller eines mehrstöckigen Waisenhauses. Erst beim Umbau zum Amtshaus wurde zur Limmat hin das Erdreich abgetragen und der Eingang dorthin verlegt. Den Wettbewerb zur Gestaltung der neu entstandenen Eingangshalle gewann Augusto Giacometti (nicht zu verwechseln mit dem Bildhauer Alberto Giacometti, einem entfernten Verwandten). Er ließ die „Blüemlihalle" in den Jahren 1922 bis 1925 aufblühen. Sie verschönt den Zürchern den Gang zum Amt.

Fresken im Amtshaus I (Blüemlihalle), Augusto Giacometti, 1922–26

Flora,
Künstler unbekannt,
1886, 1933 versetzt

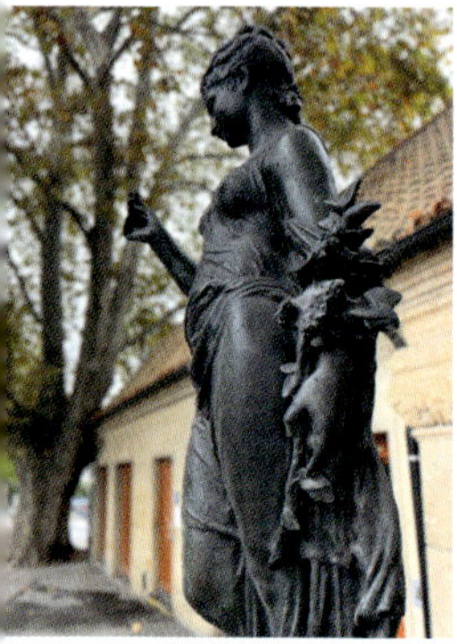

10 FLORA

Wir folgen dem Bahnhofsquai die Limmat entlang, passieren Bahnhofbrücke und Hauptbahnhof und treffen vor der Walchebrücke die römische Göttin Flora, lieblich lächelnd in leichtem Gewand, Herrin der Blüte und Fruchtbarkeit.

11 WIRBEL

Auf dem Weg zum Platzspitz, dem dreieckigen Stadtgarten am Zusammenfluss von Limmat und Sihl, bleibt das Landesmuseum links liegen. Der Platzspitz ist ein lauschiger Mini-Park mit wechselvoller Geschichte: Viehweide, Exerzierplatz, Lustgarten, Drogenszene, eine „Insel im Strom der Zeit“ (so ein treffender Buchtitel aus dem Verlag NZZ Libro). Das Bild vom wirbelnden Strom zweier sich vereinigender Flüsse greift Robert Lienhard in seiner Brunnenskulptur auf: zwei Figuren mit Fischschwänzen in schwungvoller Bewegung, die Arme wie beim Walzertanz erhoben. Die größere hat kurzes Haar, trägt die andere auf dem Schoss und ihren Fischschwanz in der zweiten Hand. Tanzen hier Triton und Thetis, die Schönste der Nereiden? Naturkräfte sind es auf jeden Fall. Die Allegorie der Vereinigung von zwei Flüssen. Ein Monolith aus Granit, geschlagen im norditalienischen Castione. Wenn im Sommerhalbjahr das Wasser fließt, scheint das Paar über der Brunnenschale zu schweben.

Hommage à
James Joyce,
Hannes und
Petruschka Vogel,
2004

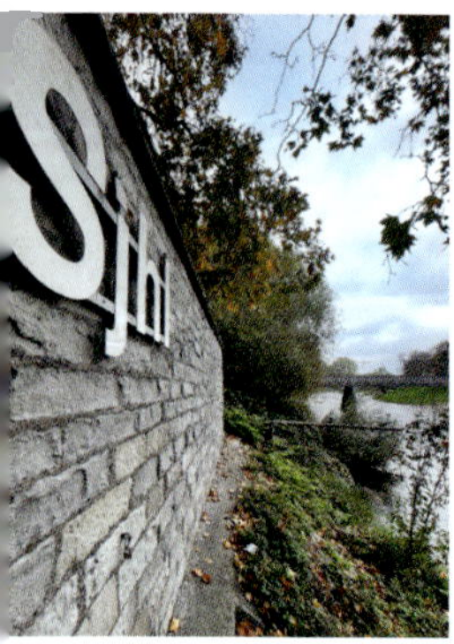

12 HOMMAGE À JAMES JOYCE

Wie ein Schiffsbug ragen die Steinmauern über dem strömenden Wasser auf und man muss sich weit über die Brüstung beugen oder die steile Uferböschung hinabklettern, um die großen Metall-Buchstaben zu sehen, die sehr subtil an einen bedeutenden Schriftsteller und seine Vorliebe für diesen wasserumspülten Ort erinnern: James Joyce. Der Ire verlebte die Jahre des Ersten Weltkriegs in Zürich und arbeitete hier an seinem Hauptwerk „Ulysses“. Die Flüsse Sihl und Limmat flossen in seine Erzählungen ein, so wie seine Initialen in die Namen der Flüsse an den Mauern des Platzspitz: „Ljmmat“ und „Sjhl“.

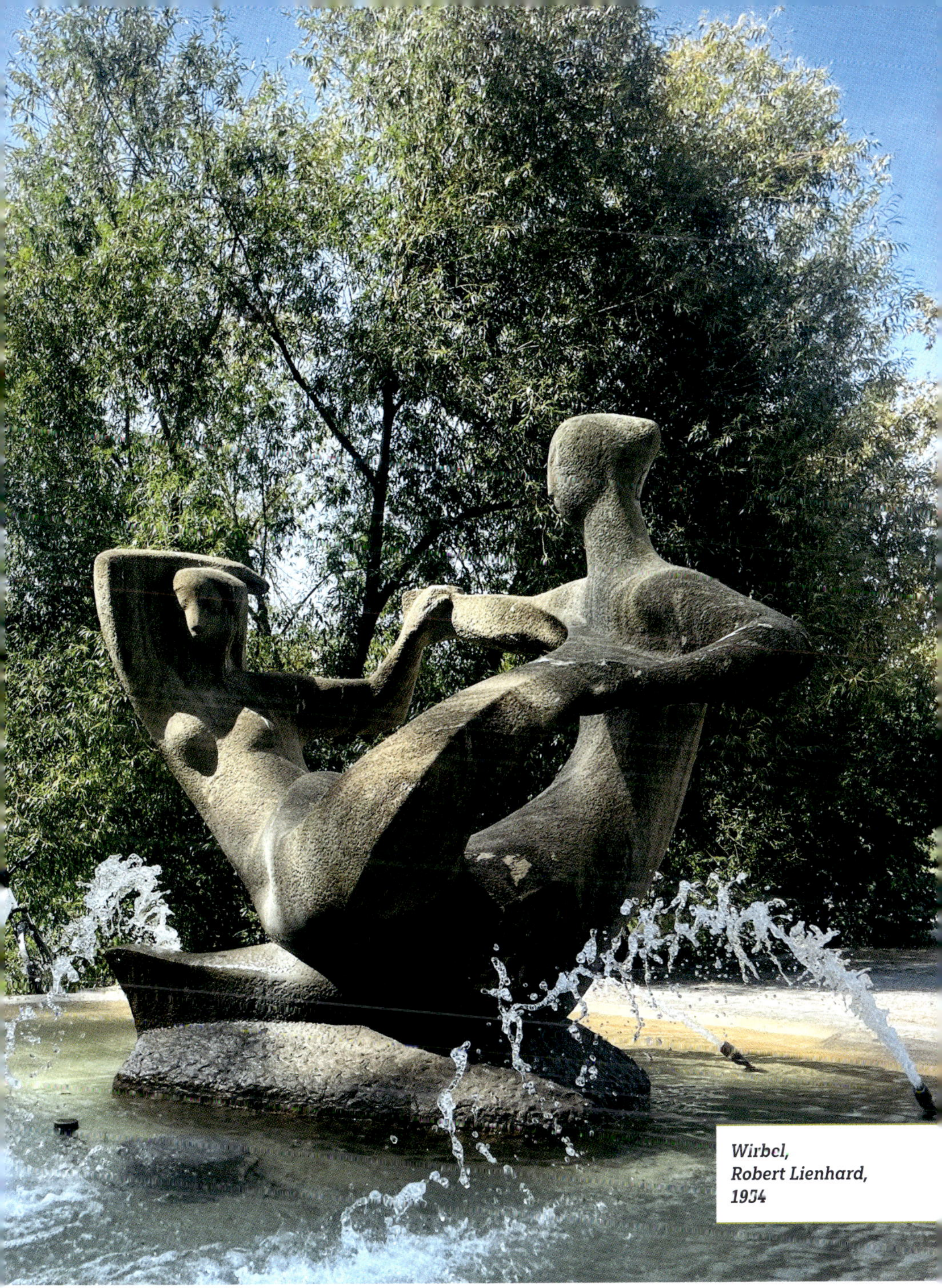

Wirbel,
Robert Lienhard,
1954

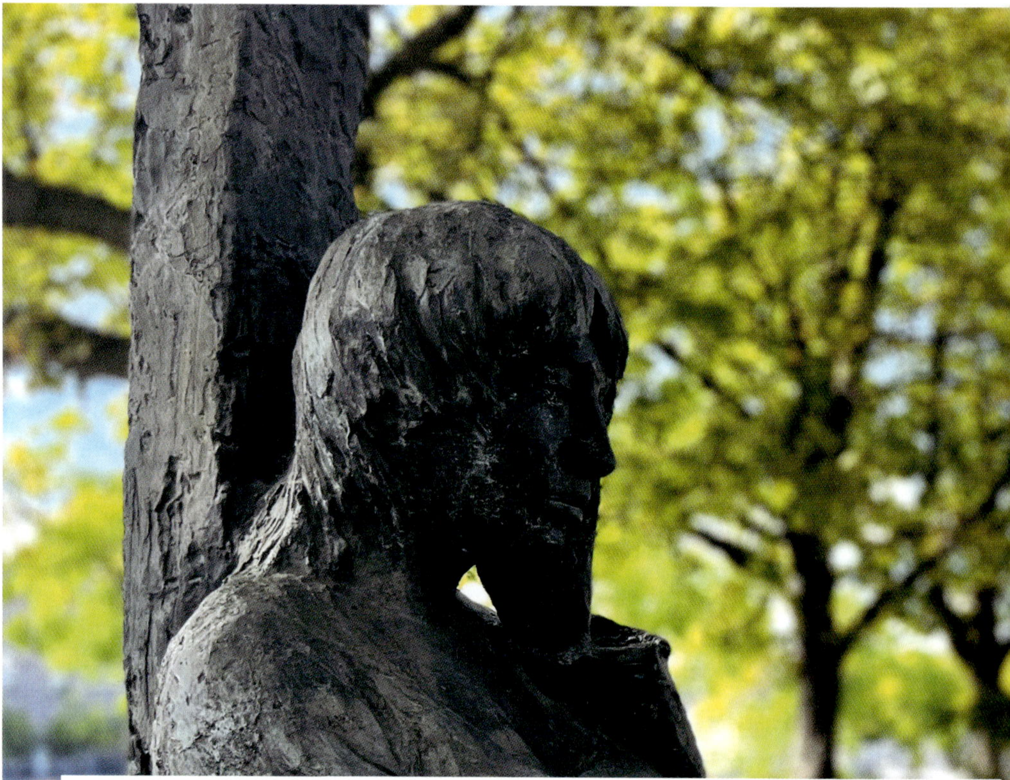

Altstadt rechts
der Limmat

Stadtspaziergang Drei

Dauer:
1 bis 2 Stunden

Verbindung:
Tram 2, 4, 5, 8, 9, 11, 13, 15 Haltestelle Bellevue

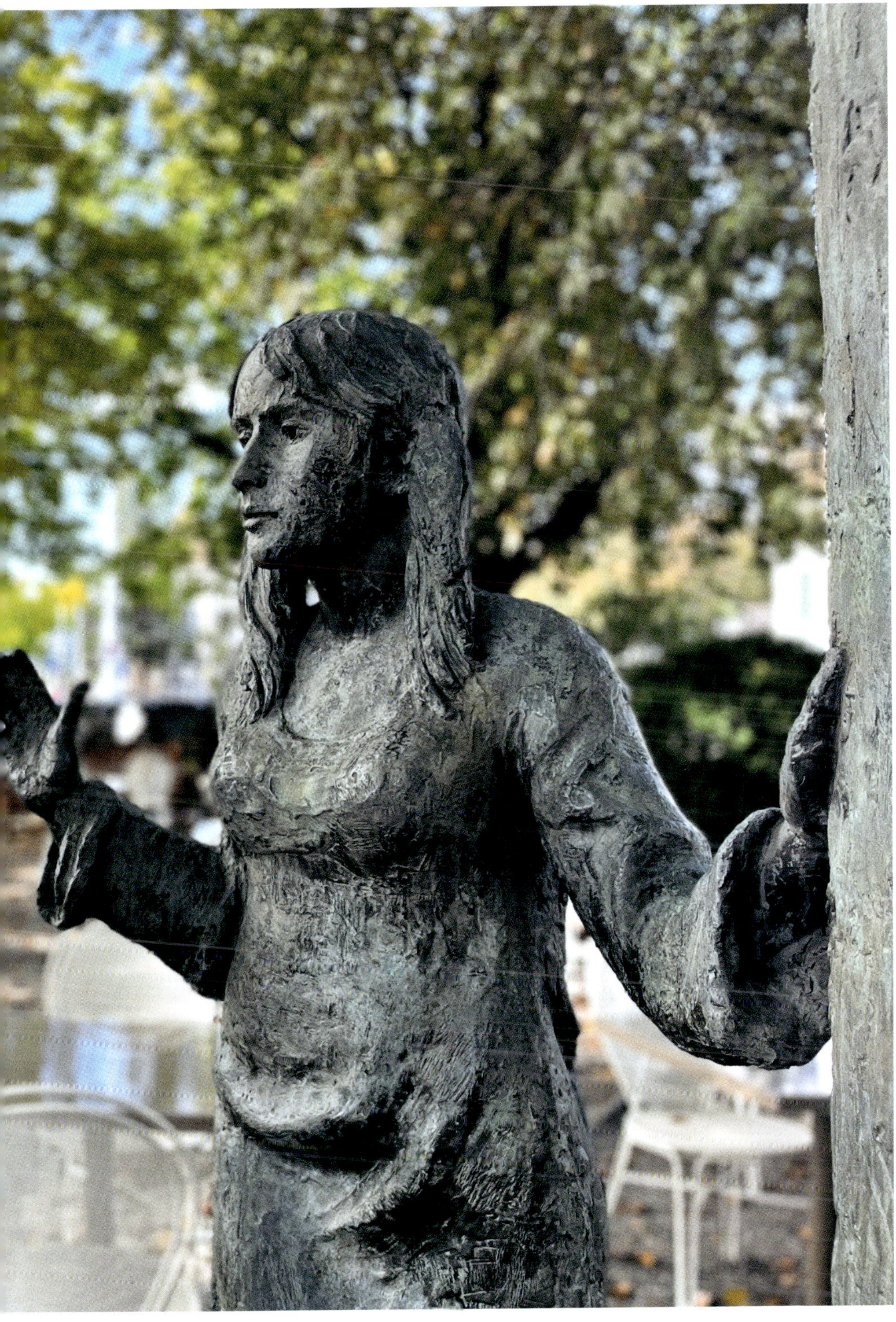

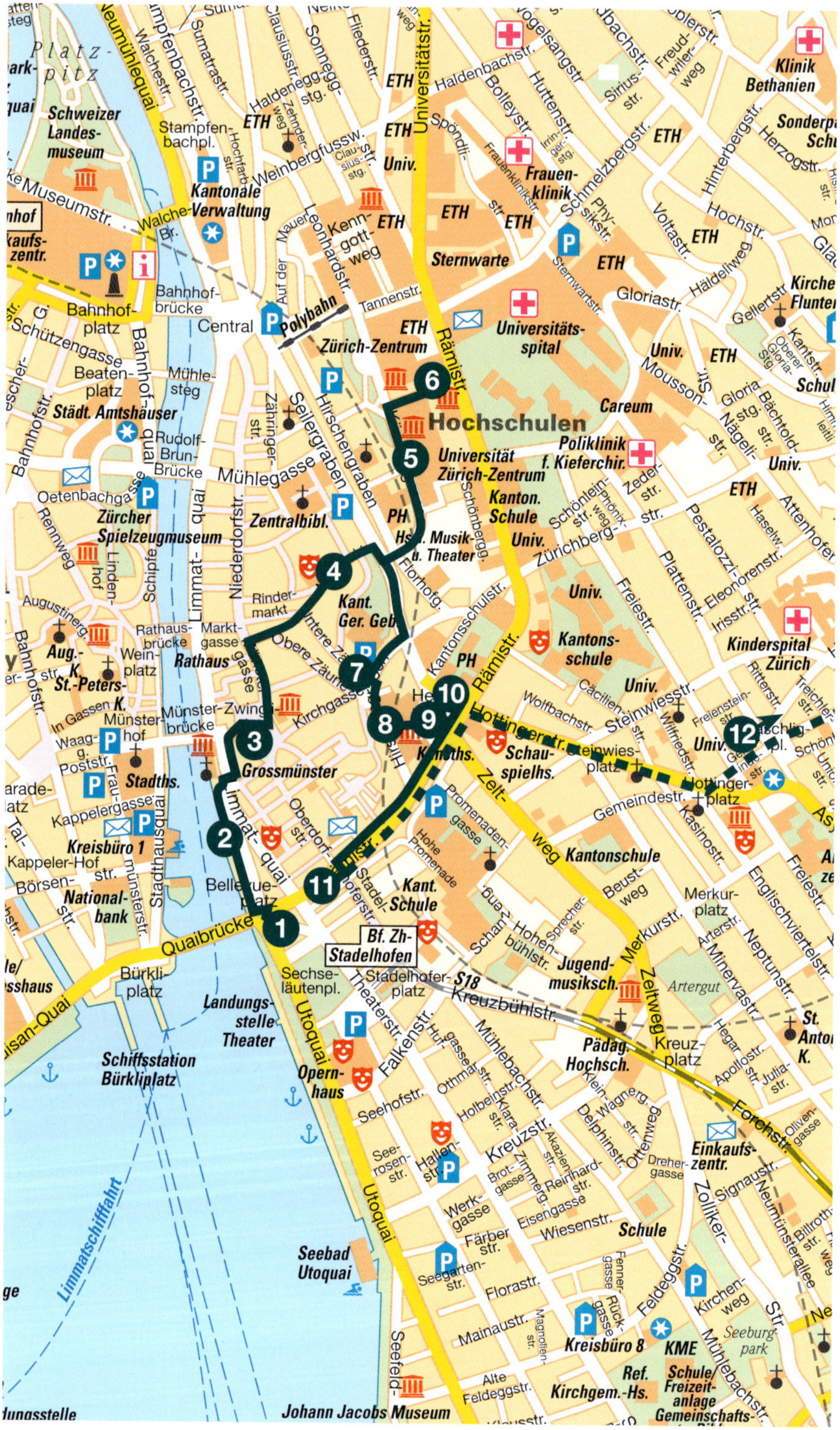

Schweizer Landesmuseum
Museumstr.
Neumühlequai
Walchestr.
Stampfenbachstr.
Stampfenbachpl.
Kantonale Verwaltung
Walche-Br.
Bahnhofplatz
Bahnhofbrücke
Central
Polybahn
Universitätstr.
Haldenbachstr.
Weinbergfussw.
Leonhardstr.
Tannenstr.
Sternwarte
ETH
Univ.
Zürich-Zentrum
Rämistr.
Hochschulen
Universität Zürich-Zentrum
Universitätsspital
Frauenklinik
Schmelzbergstr.
Gloriastr.
Moussonstr.
Careum
Poliklinik f. Kieferchir.
Kanton. Schule
Hochstr.
Hinterbergstr.
Klinik Bethanien
Kirche Fluntern
Schützengasse
Beatenplatz
Bahnhofquai
Mühlesteg
Städt. Amtshäuser
Rudolf-Brun-Brücke
Mühlegasse
Zähringerstr.
Seilergraben
Hirschengraben
Zentralbibl.
Oetenbachgasse
Rennweg
Zürcher Spielzeugmuseum
Lindenhof
Schipfe
Limmatquai
Niederdorfstr.
Rindermarkt
Kant. Ger. Geb.
Hs. Musik- u. Theater
Schönberg.
Florhofg.
Zürichbergstr.
Kantonsschule
Kantonsschulstr.
Pestalozzistr.
Plattenstr.
Freiestr.
Kinderspital Zürich
Augustinerg.
Aug.-K.
St.-Peters-K.
Rathausbrücke
Marktgasse
Rathaus
Weinplatz
Obere Zäune
Kirchgasse
Münster-Zwingli
Münsterhof
Münsterbrücke
Grossmünster
In Gassen
Waag-g.
Poststr.
Stadths.
Kappelergasse
Kreisbüro 1
Kappeler-Hof
Börsenstr.
National-bank
Stadthausquai
Limmatquai
Bellevueplatz
Quaibrücke
Bürkliplatz
General-Guisan-Quai
Schiffsstation Bürkliplatz
Landungsstelle Theater
Sechseläutenpl.
Utoquai
Opernhaus
Theaterstr.
Stadelhoferstr.
Bf. Zh-Stadelhofen
Stadelhoferplatz
S18
Kreuzbühlstr.
Hottingerstr.
Heimplatz
Kunsths.
Schauspielhs.
Zeltweg
Promenadengasse
Hohe Promenade
Kant. Schule
Wolfbachstr.
Steinwiesstr.
Steinwiesplatz
Hottingerplatz
Gemeindestr.
Kasinostr.
Merkurstr.
Merkurplatz
Jugendmusiksch.
Artergut
Pädag. Hochsch.
Kreuzplatz
Forchstr.
Freiestr.
Englischviertelstr.
Neptunstr.
Minervastr.
Hegarstr.
Falkenstr.
Seehofstr.
Mühlebachstr.
Kreuzstr.
Hallenstr.
Färberstr.
Seegartenstr.
Florastr.
Mainaustr.
Feldeggstr.
Wiesenstr.
Signaustr.
Zollikerstr.
Einkaufszentr.
Kreisbüro 8
KME
Ref. Kirchgem.-Hs.
Seeburgpark
Seebad Utoquai
Seefeldquai
Johann Jacobs Museum
Limmatschifffahrt
1
2
3
4
5
6
7
8
9
10
11
12

03 ALTSTADT RECHTS DER LIMMAT

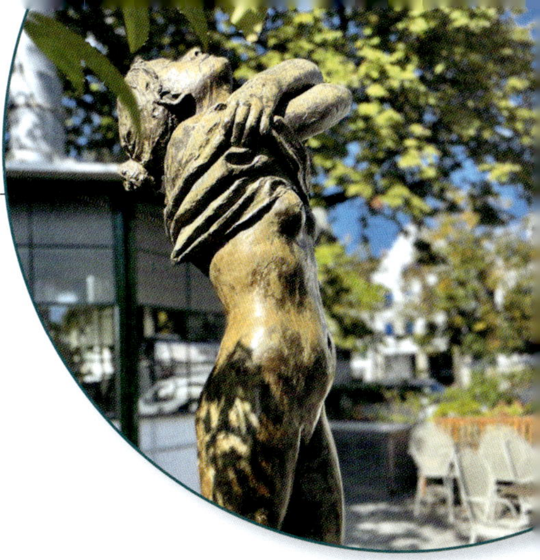

Zwischen Bellevue und Kunsthaus begegnen wir göttlichen Fenstern und höllischen Türen, dem Initiator der Zürcher Reformation und der Geburtsstätte des Dadaismus.

Aktfiguren im Skulpturengarten, Rolf Brem

1 SKULPTURENGARTEN

Unser Spaziergang beginnt am Bellevue, dem einstigen Grand Hotel neben der Quaibrücke, heute Luxus-Adresse für Wohnen und Arbeiten. Im Erdgeschoss residiert das Restaurant „Terrasse" unter hohen Decken. Seit der Bau wieder den Glanz der Belle Epoque verströmt (er wurde kernsaniert und 2009 wieder eröffnet), wirken die Bronzestatuen zwischen den weiß gedeckten Tischen wie ein selbstverständlicher Teil dieser von Noblesse und Lebensart geprägten Welt. Auch im kleinen Garten ist der Gast von Kunst umringt. Sympathisch und lebensnah sind die Aktfiguren des Luzerner Bildhauers Rolf Brem: zwei plaudernde Frauen, eine dritte im Liegestuhl. Man beneidet sie und wundert sich nicht, dass die vierte gerade ihr Kleidungsstück über den Kopf zieht. Der Zürisee ist gleich um die Ecke.

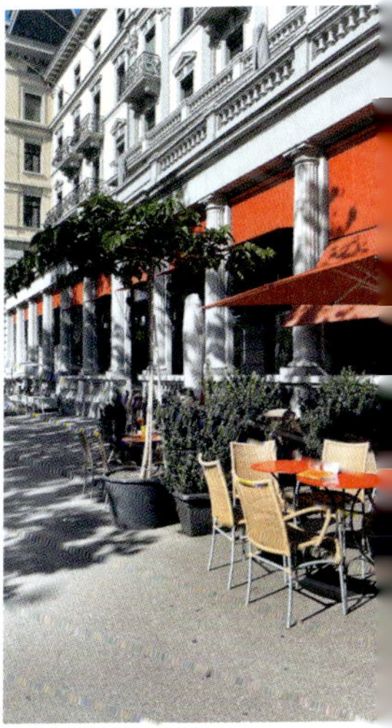

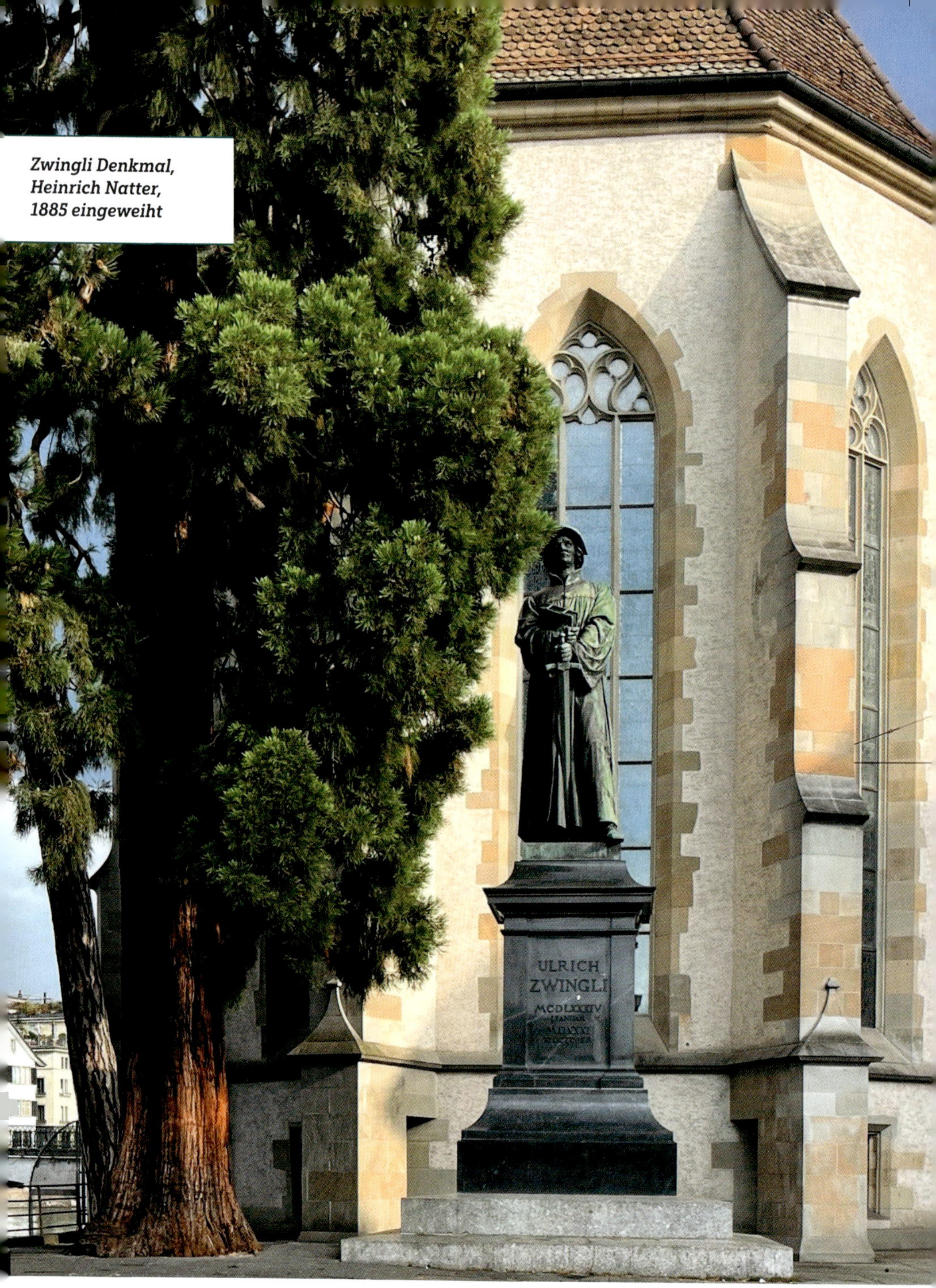

*Zwingli Denkmal,
Heinrich Natter,
1885 eingeweiht*

2 ZWINGLI-DENKMAL

Vom Skulpturengarten des Restaurants „Terrasse“ sind es nur wenige Schritte bis zur Wasserkirche am Limmatquai. Vor dem Chor steht Huldrych (hochdeutsch Ulrich) Zwingli als kämpferischer Reformator mit Bibel und Schwert.

Im schlichten Innenraum der spätgotischen Wasserkirche strahlen die Chorfenster von Augusto Giacometti.

Der Startschuss zur Schweizer Reformation erfolgte am 9. März 1522 – mitten in der Fastenzeit – in Zürich, genau gesagt im Haus des Buchdruckers Christoph Froschauer. Dort trafen sich die Buchdrucker im Beisein von Zwingli und Leo Jud, um sich mit Räucherwurst zu stärken, denn es gab viel zu tun: die Erstausgabe der Lutherbibel war in Vorbereitung. Das nach katholischer Kirchenregel sündhafte Wurstessen war eine gezielte Provokation der Obrigkeiten, des Zürcher Stadtrates und des Bischofs von Konstanz, Repräsentant der Kirche in Rom. Der erzwungene Disput endete im Januar 1523 mit der Anerkennung von Zwinglis Thesen. Er forderte u. a. die Abschaffung von Heiligenverehrung, Zölibat und Kirchenzehnt (der Abgabe von 10 % der bäuerlichen Erträge an die Kirche). Alleiniger Maßstab für ein christliches Leben sei die Bibel.

Ab 1529 trieb Zwingli in Zürich die Umsetzung seiner Reformen mit wachsendem Nachdruck voran und erwirkte einen Ratsbeschluss, der die Bürger zum Besuch des Gottesdienstes verpflichtete. Andersgläubige wurden aus der Stadt verbannt, (Wieder-) Täufer verfolgt und hingerichtet. Die Durchsetzung des „wahren Glaubens“ duldete keine Abweichler. Es gelang Zwingli, Bern, Genf und die Ostschweiz für die Reformation zu gewinnen, aber die Innerschweiz blieb papsttreu und griff zu den Waffen. Mit fatalen Folgen für die Zürcher. 1531 erlitten sie eine vernichtende Niederlage, der auch Zwingli zum Opfer fiel. Er wurde hingerichtet, sein Leichnam verbrannt und die Asche verstreut. Dass er heute in ehrfurchtgebietender Pose unterhalb des Grossmünsters steht, würde den streitbaren, politisch engagierten Kirchenmann mit Genugtuung erfüllen.

Zwinglis Thesen fußen auf Martin Luthers reformatiorischen Ideen. Größter Streitpunkt zwischen den beiden Reformatoren ist das Abendmahl, das Zwingli als symbolische Handlung und Luther als tatsächliche „Wandlung in Leib und Blut Christi“ versteht.

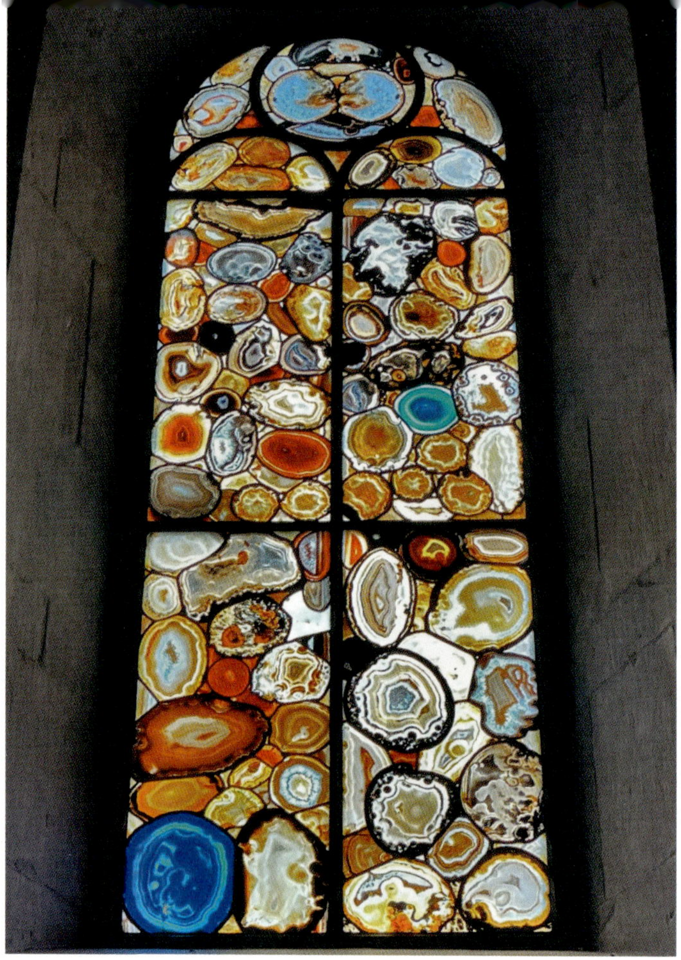

Glasfenster Grossmünster, Sigmar Polke, 2009

❸ GLASFENSTER GROSSMÜNSTER

Wir werfen einen Blick in die Krypta der Wasserkirche, überqueren vor dem Helmhaus die Straße und steigen zum Grossmünster empor. Die romanische Kirche ist ein Wahrzeichen von Zürich. Im schlichten Kirchenschiff versetzen die Glasfenster von Sigmar Polke in Staunen. Nicht die Hand des Künstlers, die Natur selbst hat die lebendigen Zeichnungen, die Farben und Maserungen in Jahrmillionen geschaffen – geschliffener Achat, in durchscheinende Scheiben geschnitten und zum funkelnden Mosaik komponiert. Im halbkreisförmigen Tympanon über dem Nordportal leuchtet es bunt, die Fenster des Mittelschiffs strahlen in Rot- und Blautönen oder in goldbraunen Erd- und Gesteinsfarben, als habe ein himmlischer Juwelier seine schönsten Edelsteine sortiert und in schmalen Leuchtkästen ausgebreitet. Seit der Antike wird Achat zu Geschmeide verarbeitet und für seine heilenden Kräfte gerühmt, doch zum ersten Mal schmückt er eine Kirche.

Über Zwingliplatz und Münstergasse erreichen wir die Spiegelgasse und an der Hausnummer 1 das legendäre Cabaret Voltaire, den Geburtsort des Dadaismus.

CABARET VOLTAIRE – KEIMZELLE DER AVANTGARDE

Der Erste Weltkrieg tobte, Europa spielte verrückt und die Dada-Kunst war das Echo: absurd, anarchisch, subversiv und hintergründig – (scheinbar) sinnentleerte Kunst als Zerr- und Spiegelbild einer selbstzerstörerischen Welt. Es ist bezeichnend für die Stellung von Zürich als Freistatt der Künstler, dass die Gründer des Cabaret Voltaire aus dem Ausland kamen: das deutsche Schriftsteller-Paar Hugo Ball und Emmy Hennings, der französische Maler und Bildhauer Hans Arp und die rumänischen Schriftsteller Tristan Tzara und Marcel Janco. Im Februar 1916 öffnete das Kabarett-Theater als Bühne, Galerie, Club und Kneipe. Ein Magnet für Literaten, Maler, Musiker und Tänzer, die sich vor Krieg und Kriegsdienst ins neutrale, behütete Zürich flüchteten. Zürich war beides: mittendrin und außen vor. Während hinter den Grenzen gekämpft und gestorben wurde, flanierten Galeristen und Dandys auf der Bahnhofstrasse (damals noch eine Amüsiermeile), feierten die Künstler im Café Odeon und Café Terrasse. Im Café Voltaire traf man sich zu satirischen Vorträgen, manischen Gesängen und Lautgedichten, trommelte, tanzte und schrie bis zur Erschöpfung. Ohne Regeln und Tabus Während Lenin als russischer Exilant in der Spiegelgasse 14 den Sturz des Zaren plante, agierten die Dada-Künstler in einer Art abgehobenem Raum, ohne Halt und Boden. „Brulba dori daula dalla", dichtete Hugo Ball und der deutsche Schriftsteller Richard Huelsenbeck verkündete: „Auf den Telegraphenstangen sitzen die Kühe und spielen Schach."

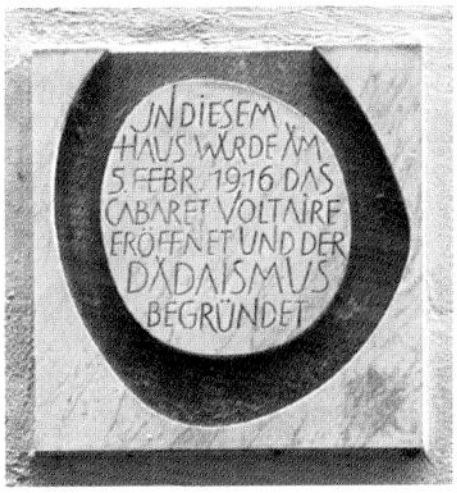

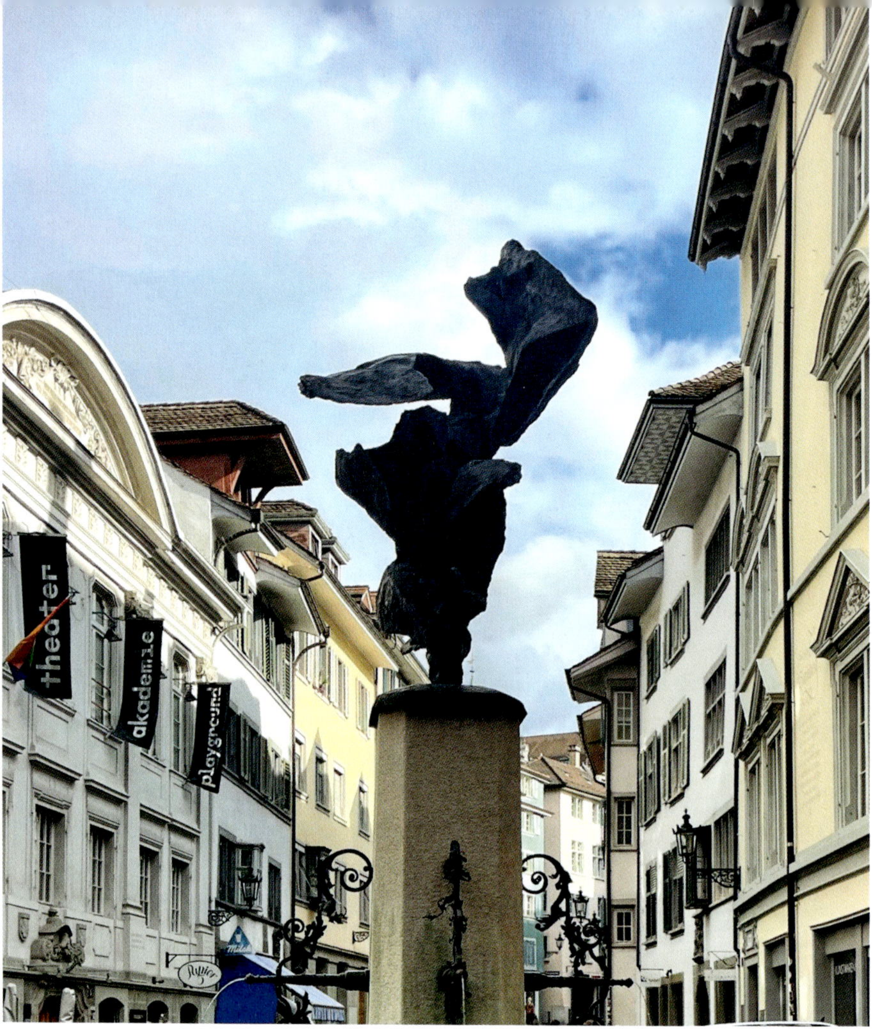

L'étrangère, Barbara Roth, Thomas Ehrler, 1992

4 L'ÉTRANGÈRE

Die Spiegelgasse führt uns zum Neumarkt und einem romantischen Brunnen, bekrönt von einer schwarzen Bronzefigur: eine Frau mit Flügeln oder flatternden Gewändern – so abstrakt, dass die Formen schwer zu bestimmen sind. 250 Jahre lang thronte hier Jupiter, bis er 1987 einem Sprengstoffanschlag zum Opfer fiel. Die mit der Erneuerung beauftragte Bildhauerin wählte statt seiner die Siegesgöttin Nike, Symbol für Schnelligkeit und Stärke. Die Zürcher betrachten sie mit Gleichmut und Distanz. Sie bleibt „die Fremde".

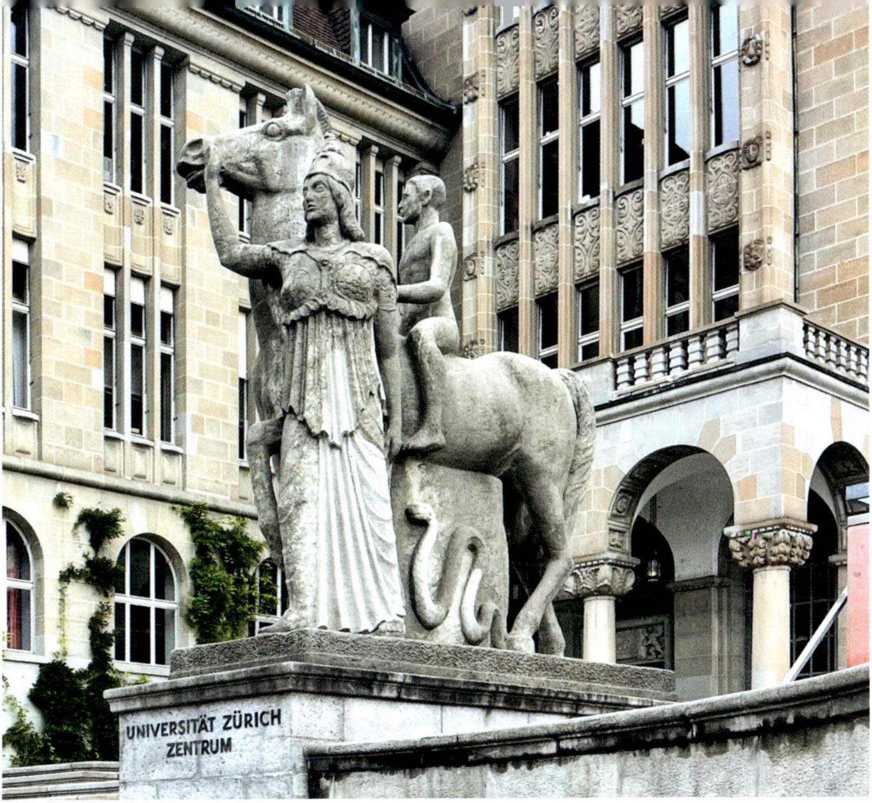

5 UNIVERSITÄT ZÜRICH

Jetzt geht es den malerischen Neumarkt entlang, über den Hirschengraben und die Künstlergasse hinauf zur Universität. Weithin sichtbar überragt ihr markanter Turm die Altstadt – dank einer Ausnahmeregelung, die Architekt Karl Moser für diesen im wahrsten Sinn des Wortes herausragenden Bau erwirkte. 1914 wurde das Hauptgebäude eröffnet, ein Repräsentationsbau mit musealer Atmosphäre, was nicht zuletzt der Fülle an Kunstwerken geschuldet ist. Den architektonischen Stilmix und das Nebeneinander von traditionellen und modernen Elementen kann man als Ausdruck demokratischer Vielstimmigkeit und Partizipation interpretieren. Blickt man von der abgesenkten und entsprechend dunklen Wandelhalle in den hellen Lichthof empor, spürt man regelrecht den Geist der Aufklärung. Zwei Pferdegruppen flankieren die Vortreppe zum Westeingang. Den Reiter zur Rechten führt Athene, die Göttin der Weisheit.

Universität Zürich, Architekt: Karl Moser, 1914 eröffnet

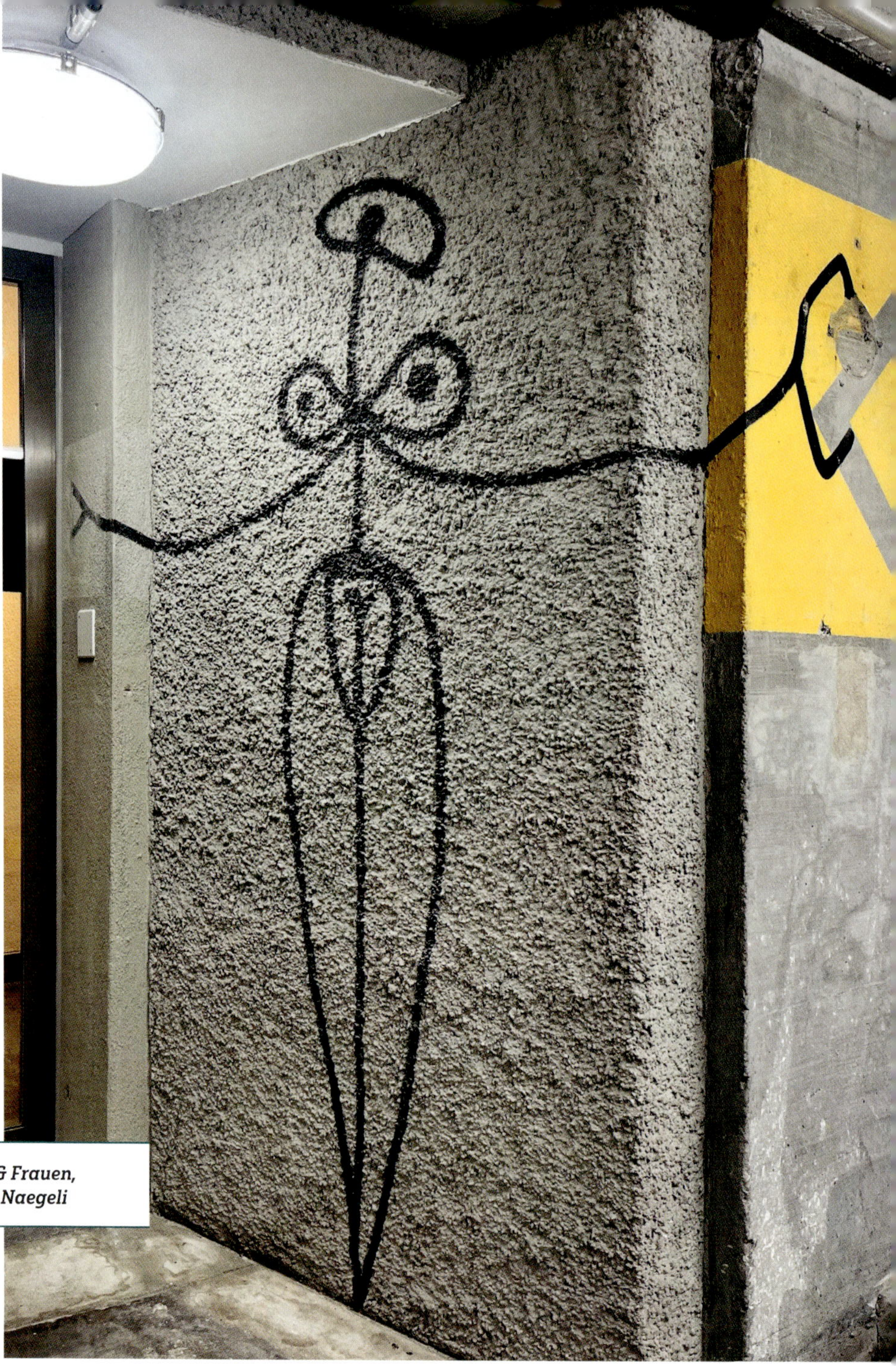

Fische & Frauen,
Harald Naegeli

6 FISCHE & FRAUEN

Neben dem Universitätsgebäude liegt die Eidgenössische Technische Hochschule (ETH) und am Ende der Karl-Schmid-Strasse der Eingang in ihre Tiefgarage. Hier tauchen wir ab, auch ohne Auto, denn im Untergeschoss des Parkhauses lebt die Kunst des Harald Naegeli (trotz umfassender Sanierung) weiter. Inzwischen wird der einst polizeilich gesuchte Streetart-Künstler in seiner Heimatstadt geschätzt und anerkannt. 2018 erhielt er die Erlaubnis, seinen lange geplanten Totentanz auf die Wände der Türme des Grossmünsters zu sprayen, 2020 den städtischen Kunstpreis. Aus dem Stadtbild sind seine provokanten Strichfiguren fast alle verschwunden.

Der „Totentanz" im Karlsturm kann auf einer Führung besichtigt werden. Eintritt: 5 CHF. 187 Stufen.

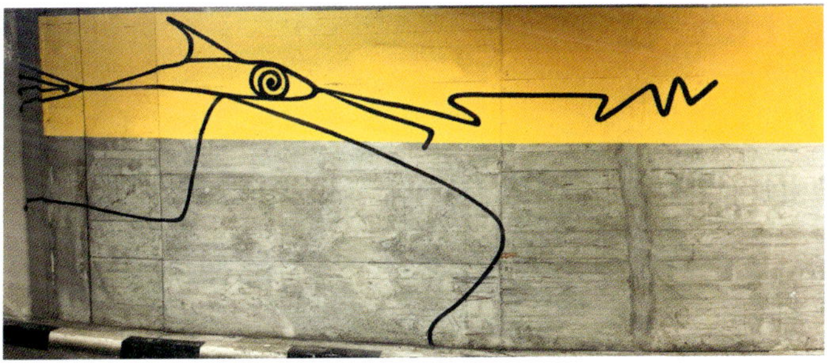

DER SPRAYER VON ZÜRICH

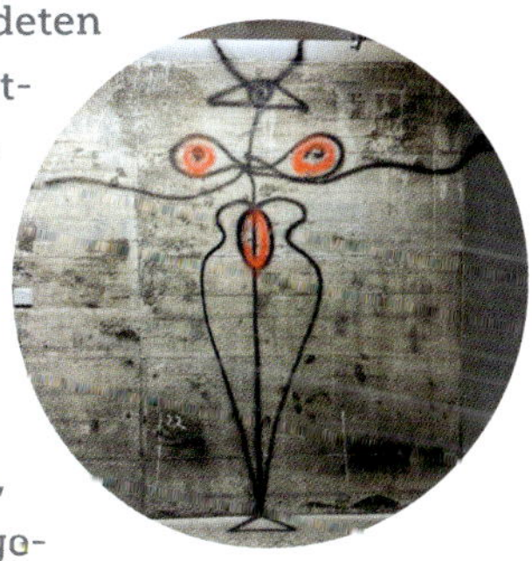

Harald Naegeli gilt als Pionier der Streetart. In den 70er-Jahren hinterließ er in seiner Geburtsstadt Zürich auf abrissgefährdeten Häusern provokante Strichfiguren und wurde wegen fortgesetzter Sachbeschädigung zu 200.000 Franken Geldstrafe und neun Monaten Haft verurteilt. Er flüchtete nach Düsseldorf, wo er in Joseph Beuys prominente Unterstützung und eine zweite Heimat fand. Fast vierzig Jahre lang, mit kurzer Pause: ein halbes Jahr saß „der Sprayer von Zürich" dann doch hinter Schweizer Gittern, nachdem er sich in einer Art Live Performance selbst ausgeliefert hatte. Mit großem Publikum und Beuys als Co-Moderator.

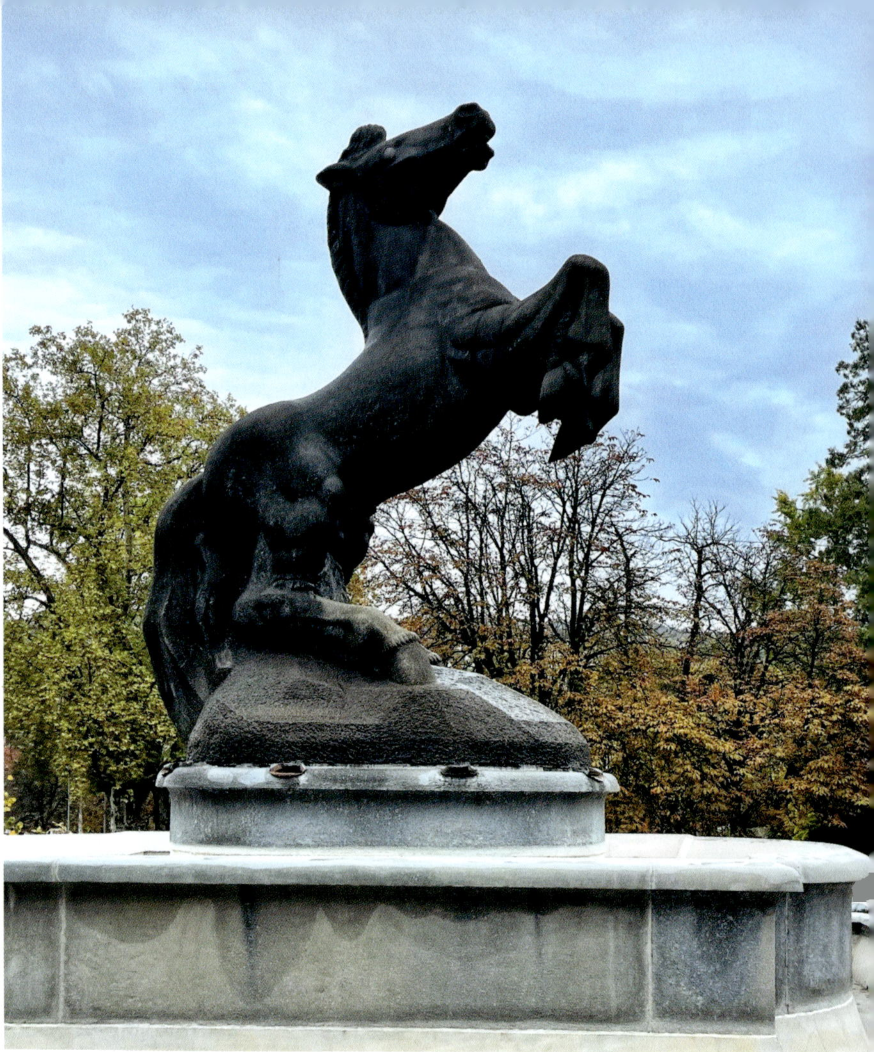

Manesse-Brunnen, Arnold Hünerwadel, Johann Rigendinger, 1929

7 MANESSE-BRUNNEN

Zurück zum Neumarkt und über den Hirschengraben Richtung Kunsthaus. Man sieht es schon von Weitem: ein auf den Hinterbeinen stehendes Pferd lenkt den Blick zum Manesse-Brunnen. Das kraftvolle Tier erinnert an ein Zürcher Rittergeschlecht, das im 13. und 14. Jahrhundert Macht und Einfluss hatte, eine von 40 Adelsfamilien der Freien Reichsstadt. Für den Transport der großen Granitskulptur vom Tessin nach Zürich mussten Straßen und Brücken verbreitert werden, sagt die Legende.

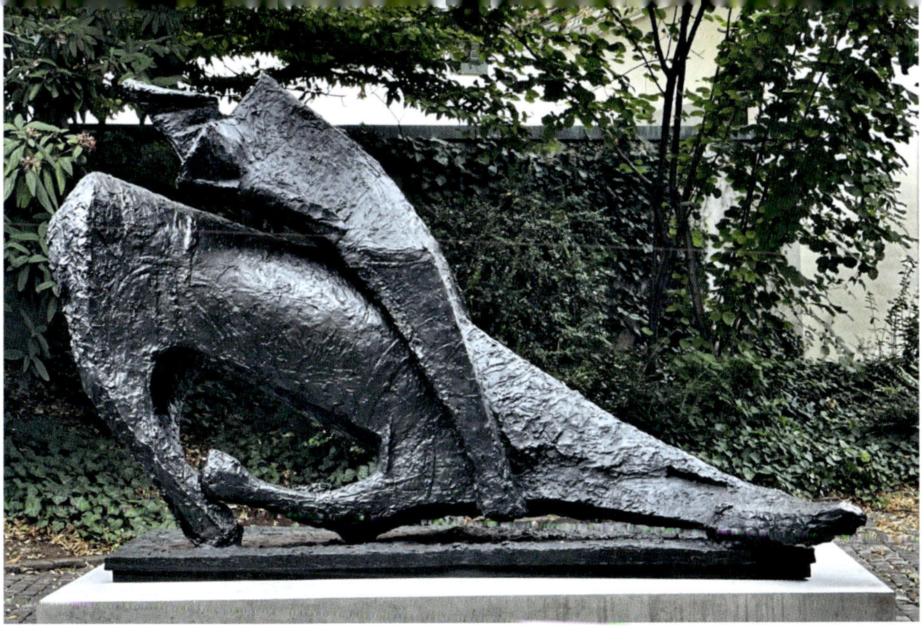

8 MIRACOLO

Auf der anderen Straßenseite liegt die Krautgartengasse. Im Lydia-Welli-Escher-Hof direkt dahinter steht eine schwarze Bronze, die ohne Führung schwer zu deuten ist. Doch wer den Künstler kennt, erkennt das Thema: Pferd und Reiter. Marino Marini hat es jahrzehntelang in immer neuen expressiven Varianten ausgeführt. Vom harmonischen Paar bis zur tragischen, nahezu abstrakten Skulptur wie sie in Zürich vor uns steht: Tier und Mensch zusammengebrochen am Boden liegend. War einst das heroische Reiterstandbild ein Symbol für Sieg und Herrschaft, so stehen Marino Marinis strauchelnde, sich versteifende oder aufbäumende und stürzende Pferde für eine in zwei Weltkriegen aus den Fugen geratene Welt. Denkmal für Kontrollverlust und Versagen – „eine Art Menschheitsdämmerung".

Miracolo, Marino Marini, 1959

Marino Marini (1901 – 1980) studierte in Florenz Bildhauerei und Malerei. Schon in den 30er-Jahren wurde er durch Einzelausstellungen bekannt, in den 50ern durch den deutsch-amerikanischen Kunsthändler Curt Valentin international berühmt. Sein Leitmotiv „Pferd und Reiter" hat er in Skulpturen, Lithografien und Radierungen gestaltet.

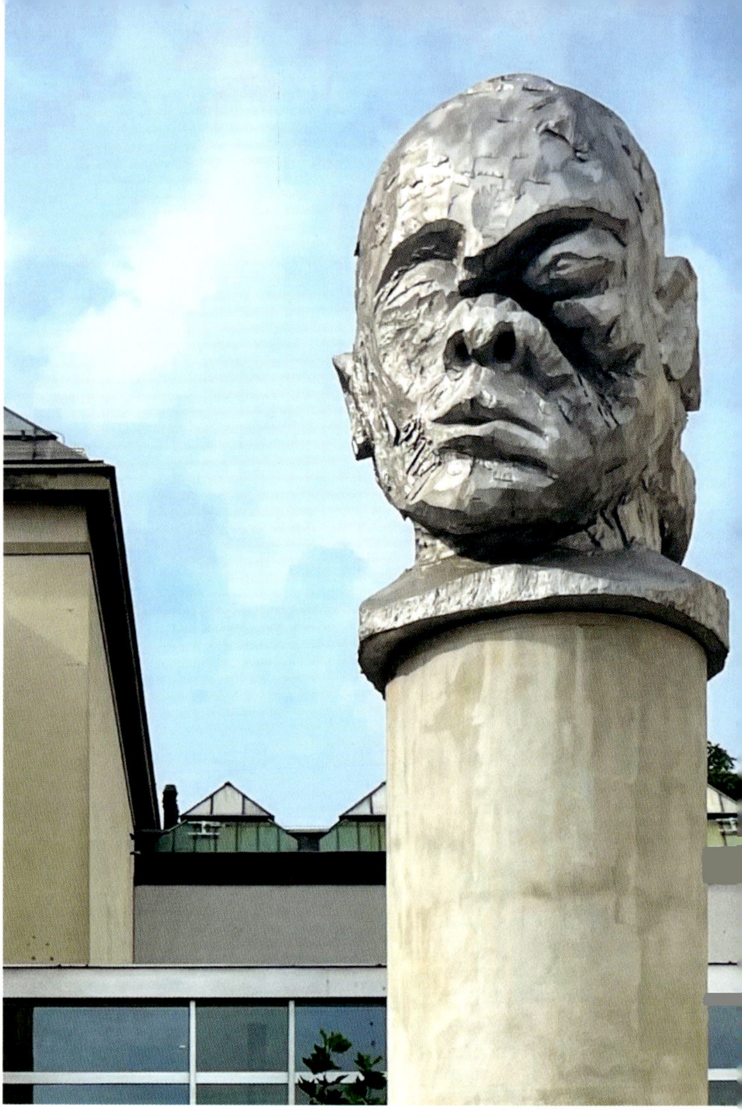

Janus,
Kader Attia,
2020

9 JANUS

Vor dem Kunsthaus Zürich zieht ein entstelltes Antlitz die Blicke auf sich. Grobe, harte Züge, wie mit dem Beitel aus dem Holz geschlagen. Der Eindruck täuscht nicht, auch wenn der hier gezeigte Kopf aus Aluminium ist. Der in Frankreich geborene Künstler mit algerischen Wurzeln hat das Werk mit afrikanischen Holzbildhauern erschaffen, eine in vielerlei Hinsicht beziehungsreiche Zusammenarbeit. Sein ganzes Werk thematisiert die Risse

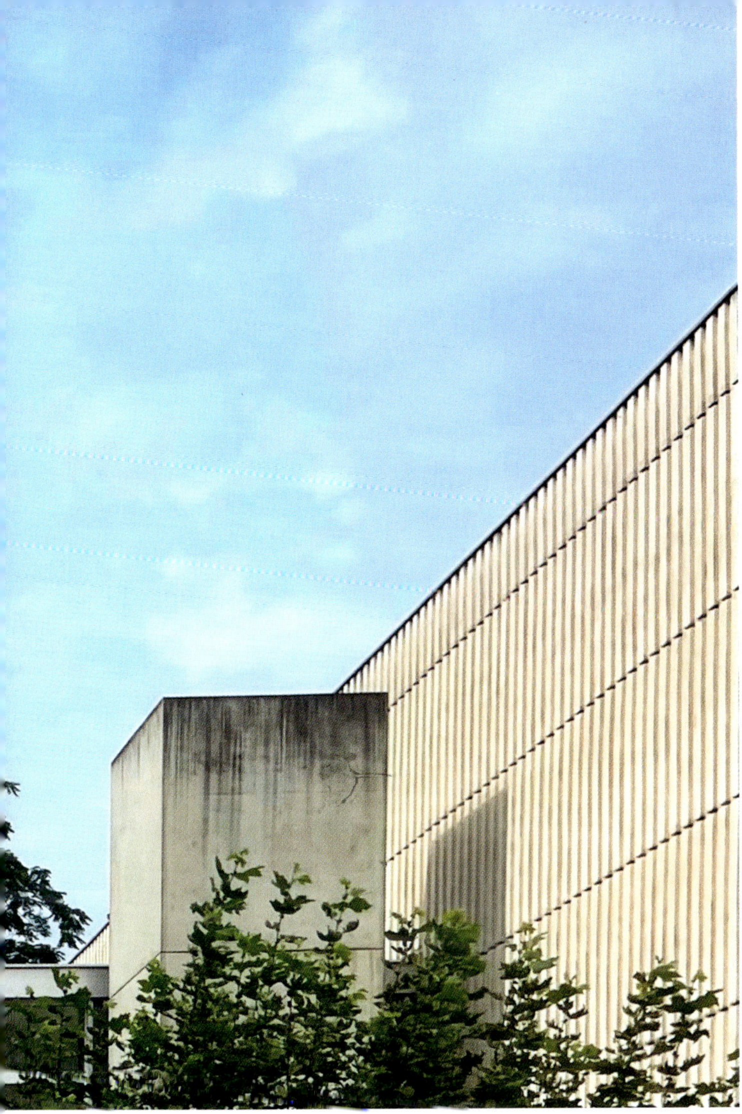

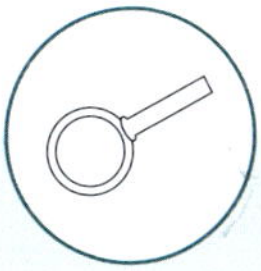

Schon möglich, dass der Janus-Kopf irgendwann wieder verschwindet. Die Skulpturen vor dem Kunsthaus wechseln von Zeit zu Zeit.

und Brüche zwischen Menschen und Kulturen, die Folgen von Zerstörung und Wiederherstellung. Sein doppelgesichtiger Janus – gemeinhin Symbol der Dualität von Leben und Tod, Licht und Dunkel – hat gleich zwei zerstörte Gesichter; als Vorlage dienten Fotografien schwer verwundeter Soldaten aus dem Ersten Weltkrieg. Ein ergreifendes Mahnmal für Frieden und Verständigung.

Höllentor, Auguste Rodin, 1880 – 1917, 1947 aufgestellt

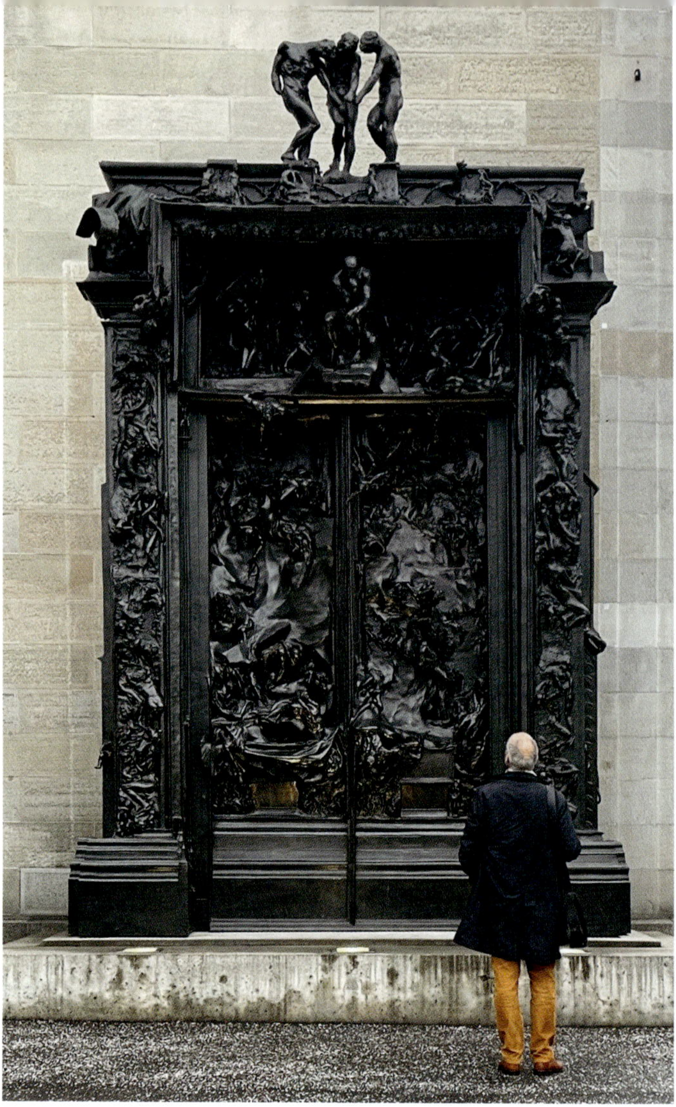

Rodin las Dantes „Göttliche Komödie" und Baudelaires „Blumen des Bösen", als er am Höllentor arbeitete. Es bleibt offen, ob die Figur des Denkers den über die Vergänglichkeit sinnierenden Dichter oder Minos, den Richter der Verdammten, darstellt. Manche sehen in dem ins Nachdenken versunkenen Menschen auch den Bildhauer selbst.

10 HÖLLENTOR

Neben dem Janus-Kopf von Kader Attia steht das Opus Magnum eines der berühmtesten Bildhauer der Kunstgeschichte – das Höllentor von Auguste Rodin (1840 – 1917). Ein Chaos aus fallenden Menschen und Körpern, die Verzweiflung, Leiden und Leidenschaft ausdrücken. Dantes Inferno. Das Jüngste Gericht ohne Fegefeuer und Paradies, die pure Verdammnis. Das skulpturale Tor war Rodins erste große Auftragsarbeit, eine Aufgabe, die fast sein ganzes Leben begleitete. 1880 bestellte die Pariser Académie des Beaux-Arts das fünf Meter hohe Portal für ein neues Kunstgewerbemuseum – welches nie gebaut wurde. Die geleistete Arbeit wurde bezahlt, doch die Eingangstüre nie realisiert. Erst nach dem Tod des Bildhauers wurde das Höllentor als monumentale Skulptur in Bronze gegossen.

Als der Plan zum Museumsbau aufgegeben wurde, entwickelten viele Figuren ein Eigenleben. Rodin ließ sie einzeln in Bronze gießen und verkaufte sie losgelöst vom Höllentor. Darunter seine heute berühmtesten Skulpturen: der Denker (im Tympanon über dem Türsturz), der Kuss (ein umschlungenes Liebespaar aus Dantes Dichtung) und die „drei Schatten“ hoch oben auf der Bronzetür. Die lebensvollen Körper zeigen, worum es Rodin beim Modellieren ging: Gefühle und Lebensenergie an der scheinbar pulsierenden Oberfläche der Körper sichtbar zu machen, der „Haut“ der Statuen, wie es Rainer Maria Rilke ausdrückte, der zeitweise als Sekretär des mehr als doppelt so alten Bildhauers arbeitete. Rodin arbeitete mit Ton und formte seine Figuren mit den Händen, statt sie mit Hammer und Meißel aus Marmor zu schlagen; diesen Arbeitsgang überließ er Mitarbeitern. Gleichzeitig bewunderte er Michelangelo und die Bildhauer der Antike, füllte sein Atelier mit antiken Statuen und besuchte mehrfach das Britische Museum, um die Skulpturen des Parthenon zu studieren. Die klassische Formensprache war der Ausgangspunkt für seine eigene Bildhauerei, die von den unterschiedlichsten Stilrichtungen beeinflusst wurde: Symbolisten, Impressionisten und Expressionisten. Schon früh beschritt Rodin neue Wege, irritierte die Zeitgenossen. Dreimal wurde er von der Pariser Kunstakademie abgelehnt, seine ersten Skulpturen stießen auf Unverständnis und Kritik. Heute gilt Auguste Rodin als Erneuerer der Skulptur und Plastik.

„Ich bin eine Brücke zwischen Gestern und Morgen.“

Der Zürcher Abguss des Höllentors (einer von insgesamt acht Abgüssen) war ursprünglich von Hermann Göring in Auftrag gegeben und für das geplante „Führermuseum“ in Linz bestimmt. Später gelangte es in den Besitz des Waffenherstellers Emil G. Bührle, dessen Kunstsammlung jetzt im 2021 eröffneten Erweiterungsbau des Kunsthauses Zürich ausgestellt ist.

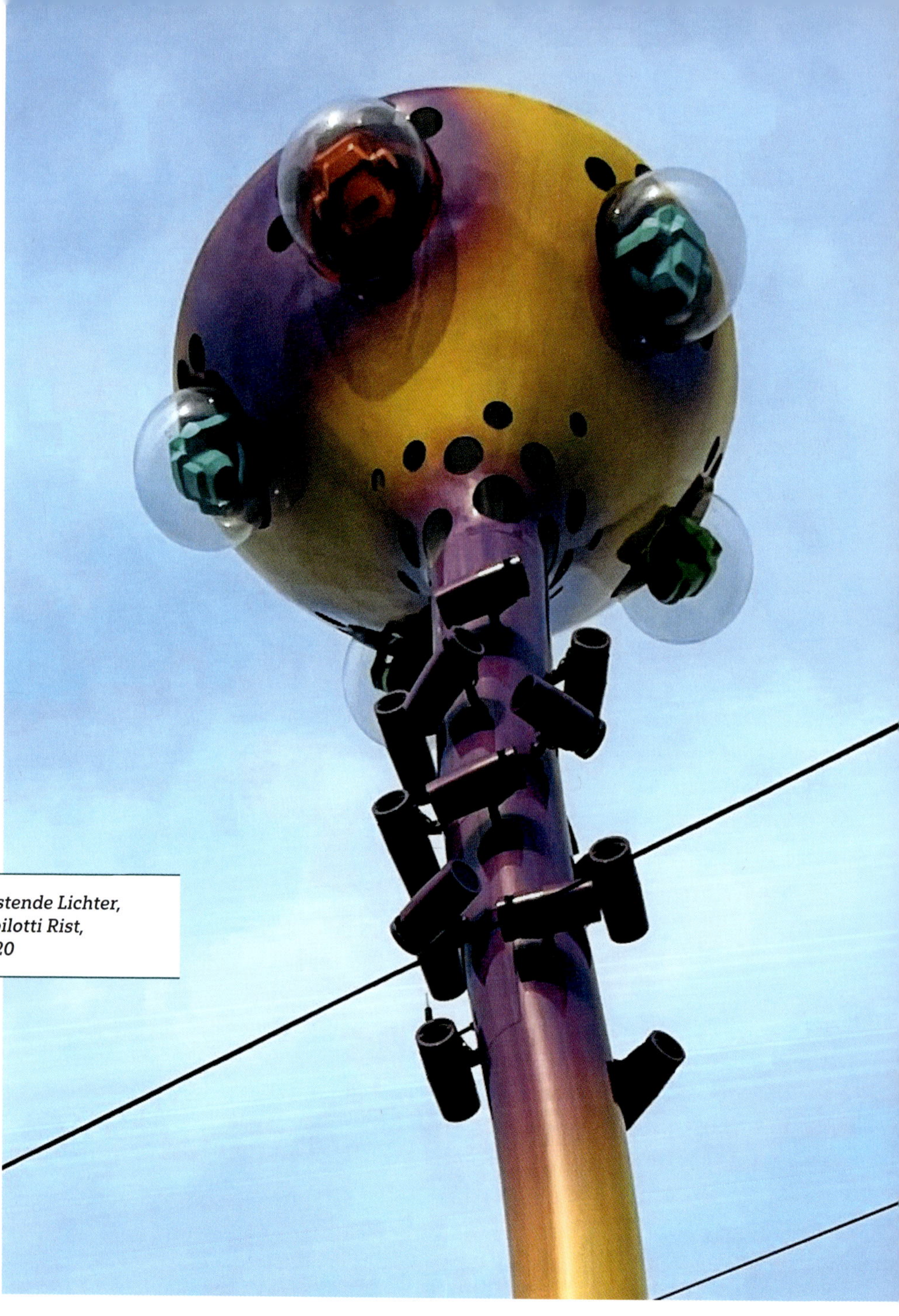

Tastende Lichter,
Pipilotti Rist,
2020

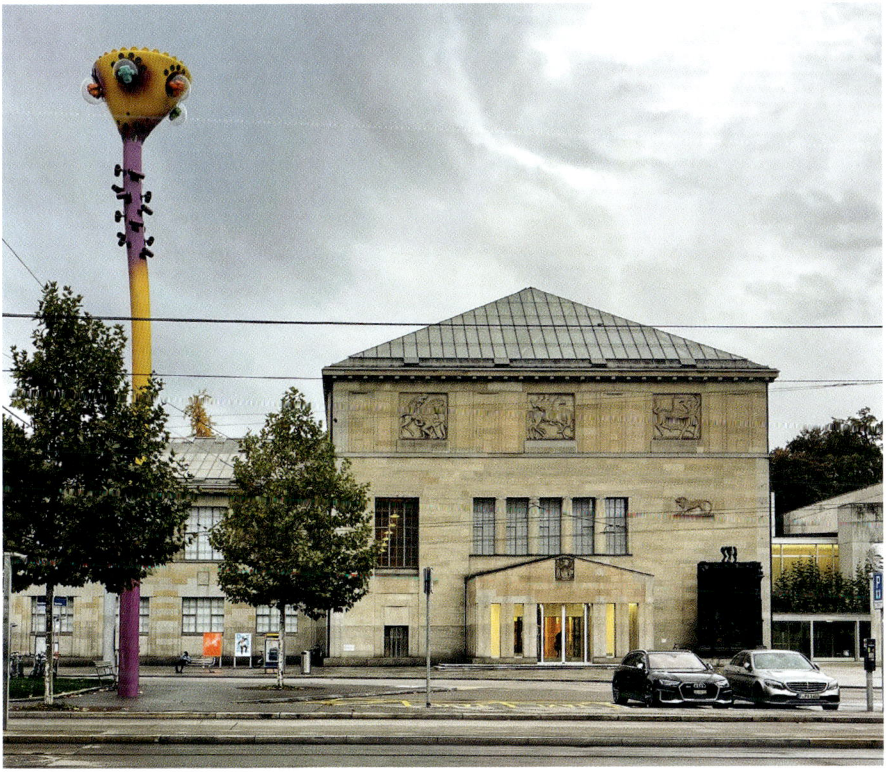

11 TASTENDE LICHTER

Auf der Verkehrsinsel in der Mitte des Heimplatzes, zwischen Straßenbahnschienen und Fahrbahnen, Kunsthaus und Erweiterungsbau, reckt sich ein langhalsiges Etwas, dessen Kopf mit seinen rundum hervorstehenden Augen ein wenig an E.T. erinnert, ein Wesen von einem anderen Stern. Sobald es dunkel wird, beginnt sich dieser Kopf zu drehen, um mit farbigen, stark gebündelten Lichtstrahlen die Ausstellungshäuser abzutasten, jede Berührung ein kreisrunder, langsam wandernder Lichtpunkt. Eine geheimnisvolle und sinnliche Inszenierung der Fassaden, Fassaden-Figuren und Bodenflächen, der man unwillkürlich mit den Blicken folgt, die die Kunst hinter den Mauern spürbar macht und den vom Verkehr zerschnittenen Platz in einen eigenen Kunstraum verwandelt.

Ein faszinierendes Erlebnis ist auch der klingende Zauberwald aus 3.000 LED-Lämpchen, den Pipilotti Rist im Erweiterungsbau des Kunsthauses geschaffen hat.

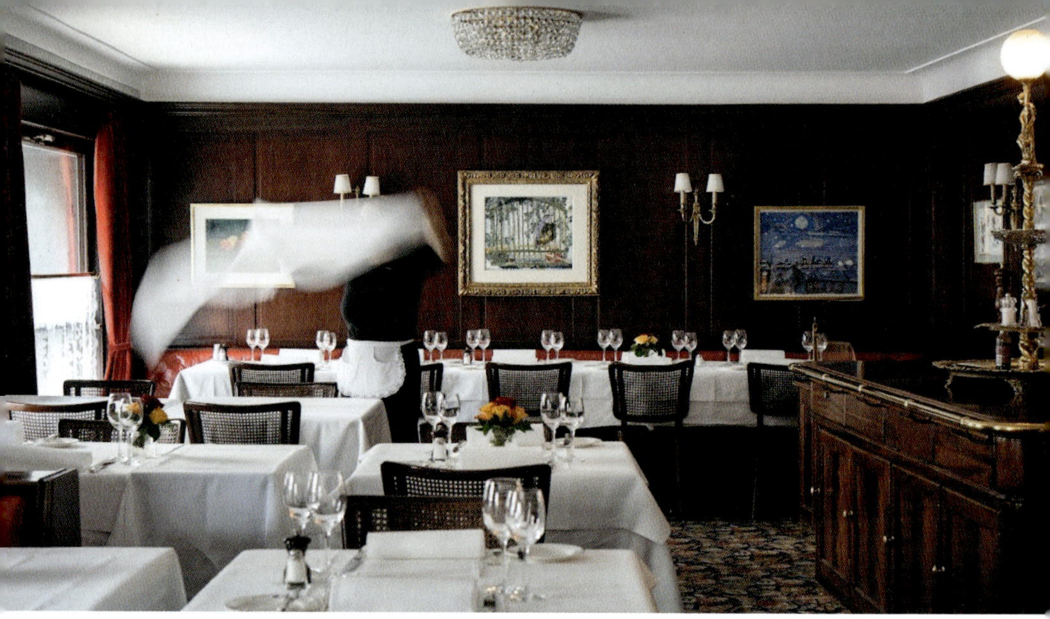

⑫ KRONENHALLE

Nur 450 Meter vom Kunsthaus entfernt erwartet die Kronenhalle in der Rämistrasse 4 den Kunstspaziergänger zum Mittag- bzw. Abendessen. Klar, man sollte reserviert haben, wenn man diesen legendären Ort betritt, denn das von Literaten und Malern frequentierte Restaurant ist eine Institution in Zürich. An weißgedeckten Tischen tafelt man mit dem Blick auf Meisterwerke von Braque, Bonnard, Chagall und Miró. Beim Cocktail in der Bar fällt der Blick auf Picasso.

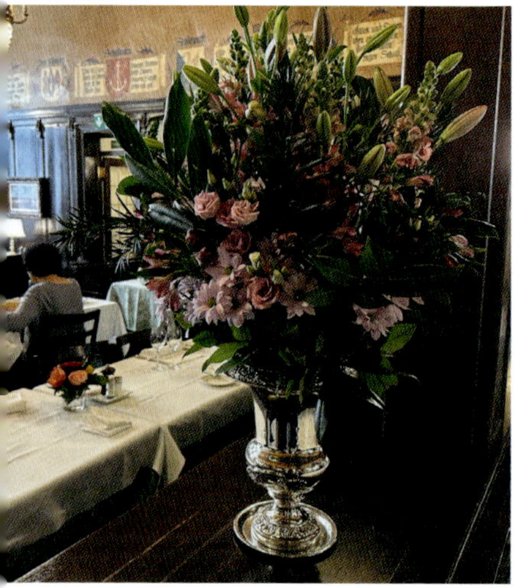

Die Werke sind Dauerleihgaben von Gustav Zumsteg (1915 – 2005), Sohn der Restaurant-Gründer Hulda und Gottlieb Zumsteg. Nach dem Tod des Vaters brachte der Seidenhändler und Kunstsammler das Flair der Pariser Kunst- und Modewelt in die holzgetäfelten Räume. Als sich die Wände seiner Privatwohnung im 1. Stock füllten, ließ er kostbare Werke im Erdgeschoss aufhängen – zur Freude der Gäste. So lange die Kronenhalle ihre Türen öffnet, wird die Kunst bleiben. Kein Ende in Sicht.

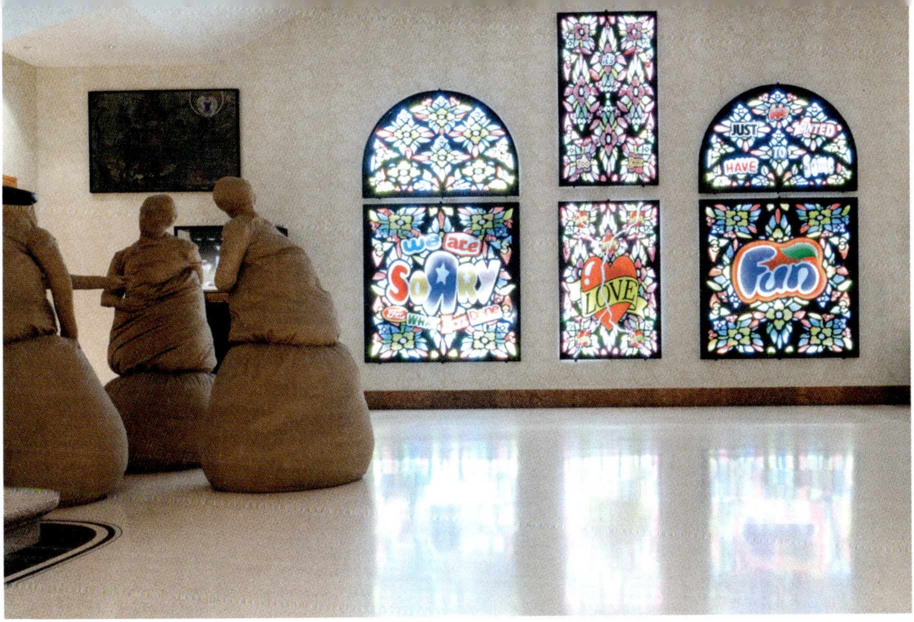

⓭ THE DOLDER GRAND

Traditionsreich und kunstsinnig ist auch das Luxushotel The Dolder Grand, das vom Kunsthaus aus betrachtet in der entgegengesetzten Richtung zur Kronenhalle liegt. Wie ein Schweizer Märchenschloss thront es am Berghang über der Stadt, ein beliebtes Ausflugsziel für die Zürcher, denn die Mischung aus Kunst (in Lobby und Korridoren) und Seeblick (von der Terrasse des Restaurants Saltz) ist einfach einmalig. Schon der Weg hinauf ist ein Vergnügen, denn die Dolderbahn – eine Zahnradbahn, die 162 Höhenmeter überwindet – ist Teil des öffentlichen Verkehrsnetzes; das Tramticket gilt auch für sie. Vom Römerplatz (ab Kunsthaus 2 Stationen mit Tramlinie 3) geht es steil bergauf bis zur Bergstation, direkt neben dem Parkhaus-Eingang des Dolder Grand. Das Foyer liegt mehrere Stockwerke tiefer, bedingt durch die Hanglage. Man folgt der Beschilderung und findet sich alsbald auf dem Art Walk wieder – trifft Max Ernst, Anselm Kiefer, Anish Kapoor, Philip Haas, Tom Wesselmann und viele andere. Als Kunstführer dient der QR Code neben den Werken. In der unteren Steinhalle begegnen wir Juan Muñoz bzw. seinen unförmigen, an Sandsäcke erinnernden Gestalten. Dahinter vielfarbig leuchtende Fenster – nein: Kunstwerke von Jani Leinonen.

***Conversation Piece*, Juan Muñoz, 1993**

***Chapel of Remorse*, Jani Leinonen, 2019**

Die Architekten Foster + Partners haben dem Hauptgebäude von 1899 zwei moderne Flügel verpasst, ein kontrastreicher Mix, der sich auch in der Kunstsammlung widerspiegelt.

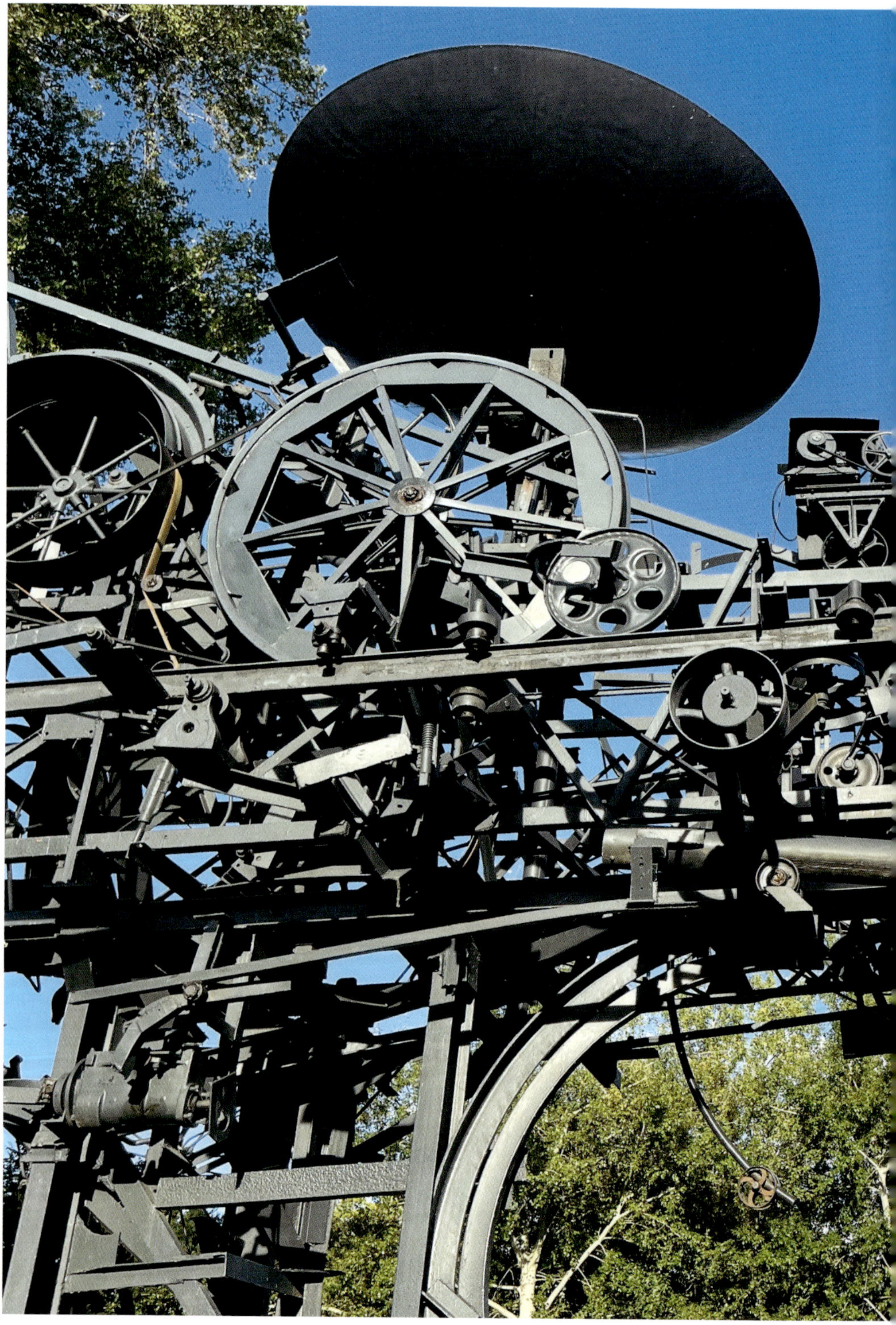

Am Zürisee

Stadtspaziergang Vier

Dauer:
2 bis 3 Stunden

Verbindung:
Bus 912 und 916, Haltestelle Chinagarten,
Schiff 3731 und 3734, Anlegestelle Zürichhorn

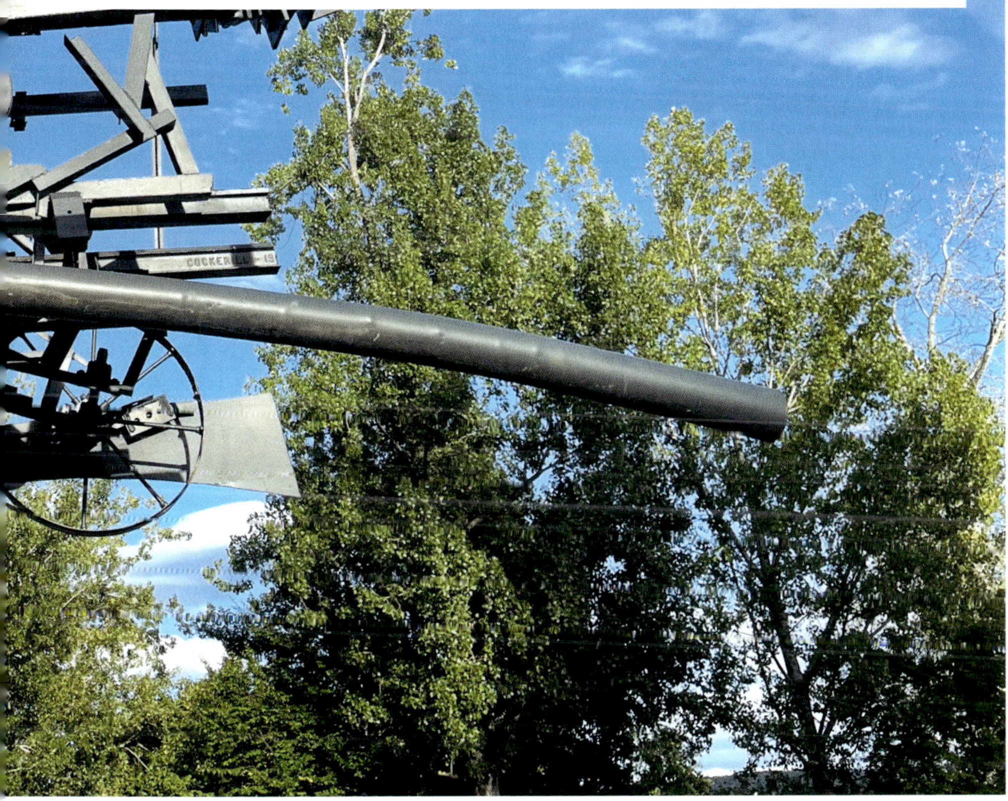

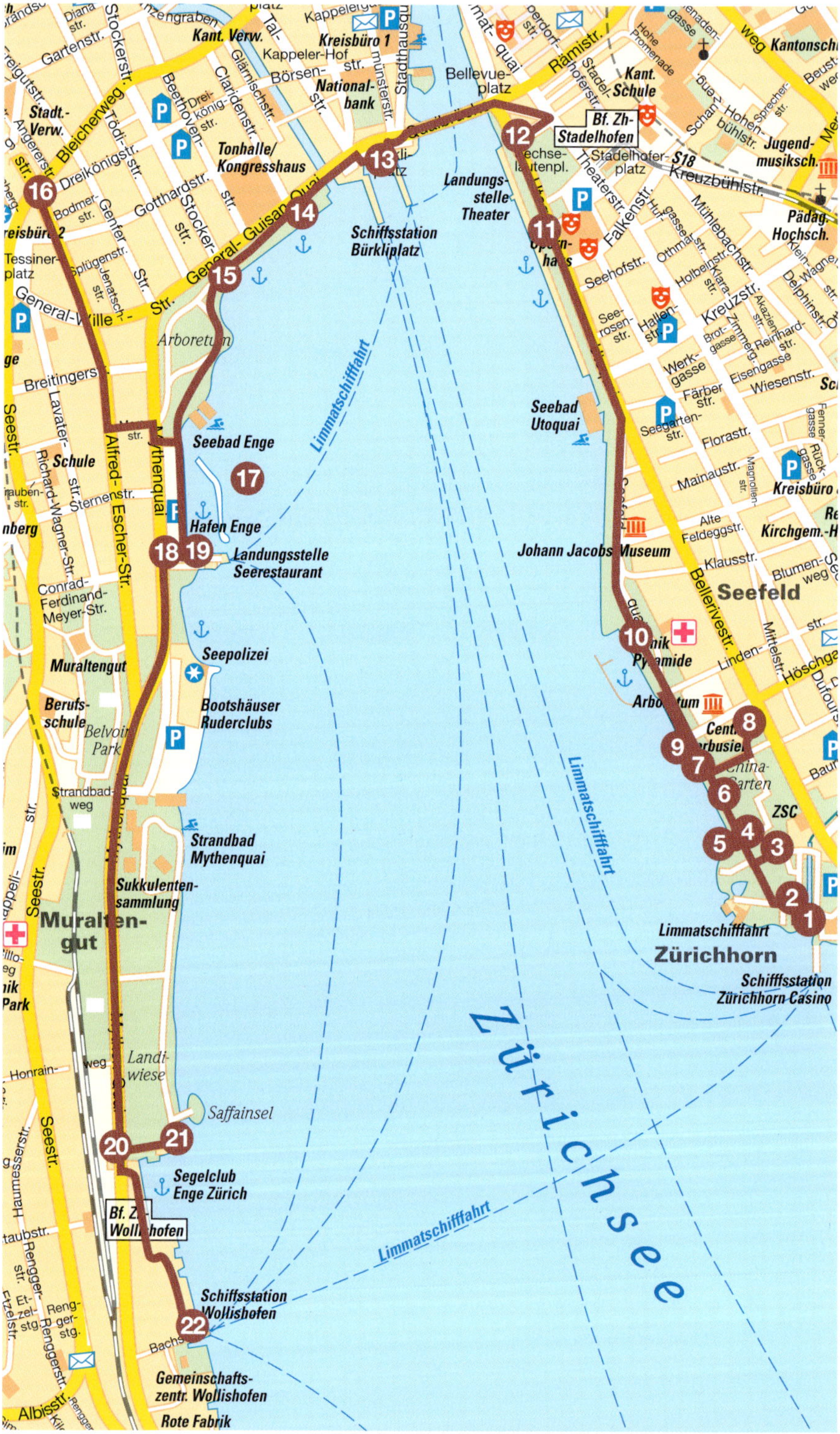

Kant. Verw.
Kreisbüro 1
Kappeler-Hof
Börsen-str.
National-bank
Stadthausquai
Bellevue-platz
Rämistr.
Kant. Schule
Kantonsschule
Hohe Promenade
Bf. Zh-Stadelhofen
Stadelhofer-platz
S18
Kreuzbühlstr.
Hohenbühlstr.
Jugend-musiksch.
Pädag. Hochsch.
Stadt.-Verw.
Bleicherweg
Dreikönigstr.
Beethovenstr.
Claridenstr.
Glärnischstr.
Tonhalle/ Kongresshaus
Tödistr.
Gotthardstr.
Stockerstr.
Genferstr.
General-Guisan-Quai
General-Wille-Str.
Tessiner-platz
Bodmerstr.
Splügenstr.
Jenatschstr.
Landungs-stelle Theater
Schiffsstation Bürkliplatz
Falkenstr.
Seehofstr.
Theaterstr.
Mühlebachstr.
Kreuzstr.
Holbeinstr.
Delphinstr.
Arboretum
Breitingerstr.
Lavaterstr.
Seestr.
Schule
Richard-Wagner-Str.
Sternenstr.
Alfred-Escher-Str.
Mythenquai
Seebad Enge
Hafen Enge
Landungsstelle Seerestaurant
Limmatschiffahrt
Seebad Utoquai
Werkgasse
Färberstr.
Florastr.
Mainaustr.
Wiesenstr.
Eisengasse
Kreisbüro
Johann Jacobs Museum
Alte Feldeggstr.
Klausstr.
Kirchgem.-H
Seefeld
Bellerivestr.
Blumenweg
Conrad-Ferdinand-Meyer-Str.
Muraltengut
Seepolizei
Berufs-schule
Belvoir Park
Bootshäuser Ruderclubs
Pyramide
Arboretum
China-Garten
ZSC
Höschgasse
Strandbadweg
Strandbad Mythenquai
Sukkulenten-sammlung
Muraltengut
Limmatschifffahrt
Zürichhorn
Schifffsstation Zürichhorn Casino
Zürichsee
Landiwiese
Saffainsel
Honrainweg
Haumesserstr.
Segelclub Enge Zürich
Bf. Zh-Wollishofen
Limmatschifffahrt
Schiffsstation Wollishofen
Renggerstr.
Gemeinschafts-zentr. Wollishofen
Rote Fabrik
Albisstr.
1
2
3
4
5
6
7
8
9
10
11
12
13
14
15
16
17
18
19
20
21
22

04 AM ZÜRISEE

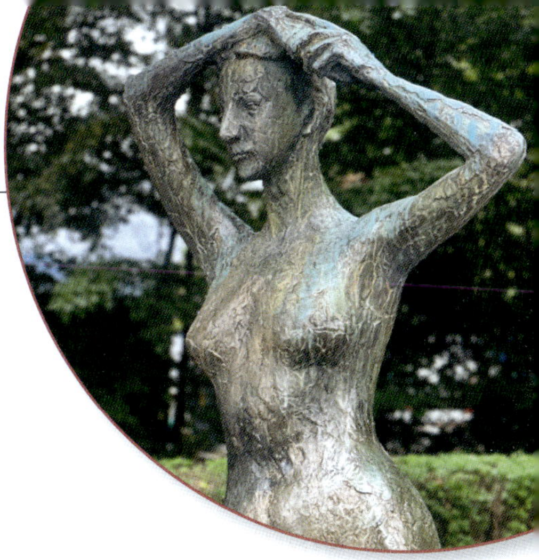

Ratternde Metallteile und rhythmische Fontänen, ein Götterliebling und sechs nackte Frauen, moderne Kunst mit Alpenkulisse – auf Zürichs Seepromenade schlägt das Herz höher.

Es ist die Lage am See, die Zürich diese entspannte Urlaubsatmosphäre verleiht: die Berge hinter der weiten Wasserfläche, die Ausflugsdampfer und Segelboote, die Seepromenade mit ihren Gärten, Aussichtsterrassen, Quai- und Badeanlagen, den Bäumen, Bänken und Kunstwerken.

1 RHYTHMUS

Hinter dem Hornbach (nahe dem Casino, Bellerivestrasse 168) steht eine Bronzefrau und blickt zu dem schwarzen Koloss (Kunstwerk 2) am Zürihorn hinüber. Aufrecht steht sie da, die Beine gekreuzt und die Hände über dem Kopf verschränkt. Tanzschritt oder gymnastische Übung? Eine Zürcherin beim Frühsport? Eine Schwimmerin beim Sich-Aufwärmen? Eines ist sicher, die harmonische Körperhaltung wirkt so anmutig und selbstvergessen, dass man es ihr gleichtun möchte.

Rhythmus, Hildegund Louise, „Hildi" Hess, 1958

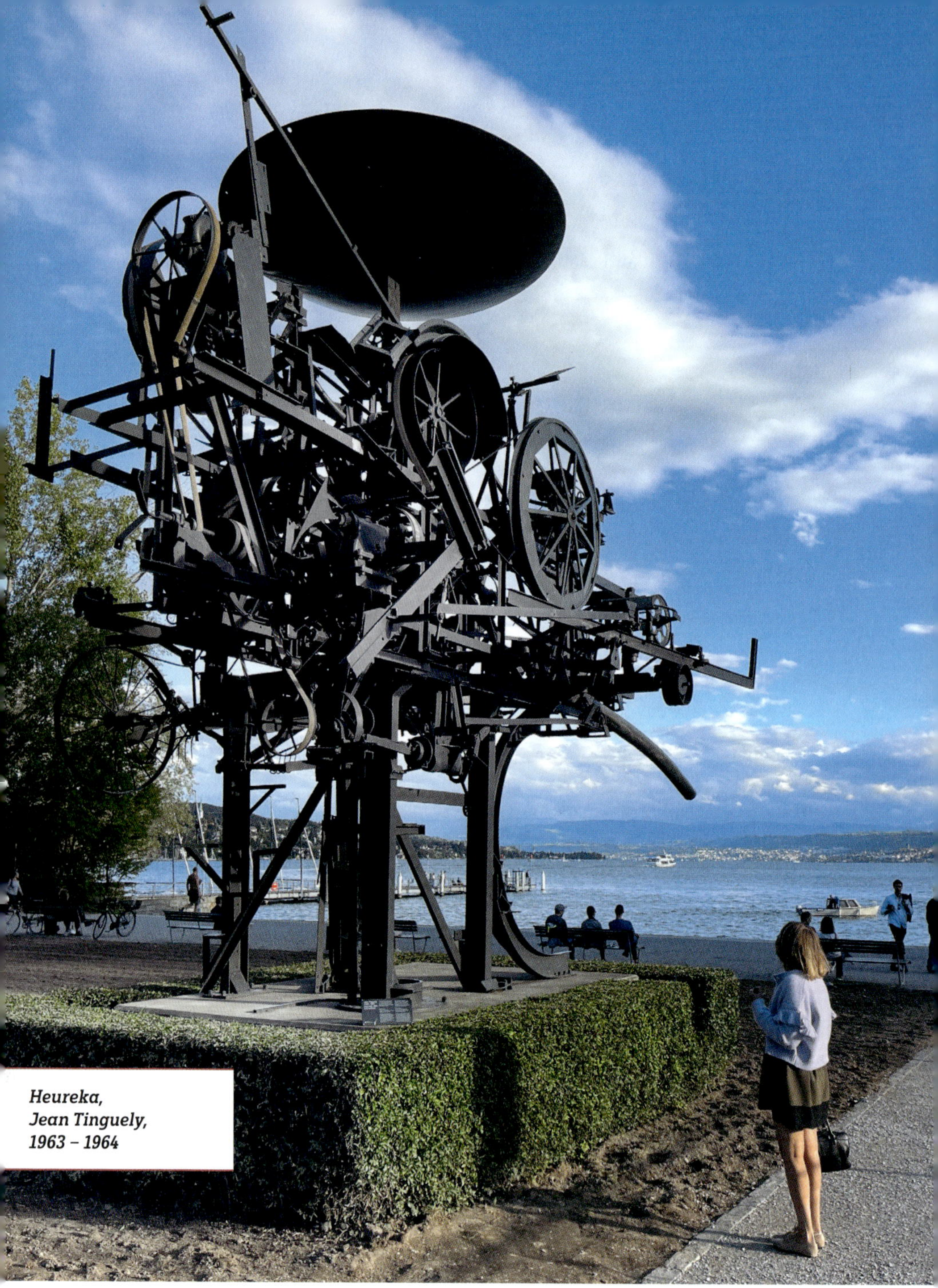

Heureka,
Jean Tinguely,
1963 – 1964

❷ HEUREKA

Die riesige Plastik an der Spitze des Uferparks erinnert ein bisschen an eine Schrotthalde, so planlos und wirr wirkt der Haufen metallener Teile auf den ersten Blick. Ganz oben sitzt eine Schale, in der ein Leuchtfeuer flackern könnte. Das Gebilde war als Signalturm für die fünfte Schweizerische Landesausstellung „Expo 64" in Lausanne konzipiert und machte Jean Tinguely schlagartig in der ganzen Schweiz bekannt. Noch immer sendet sein Werk akustische Signale, wenn es sich ratternd und klappernd in Gang setzt. Dreimal täglich je acht Minuten lang.

„Heureka", altgriechisch „Ich hab's gefunden", nannte Tinguely seine Nonsense-Maschine und parodierte damit die Betriebsamkeit und den Fortschrittsglauben der Industriekulturen. Mit den Zero- und Fluxus-Künstlern teilte er den Wunsch nach einem radikalen Neuanfang der Kunst und die Lust am Experimentieren. Seine lebendigen, von Alexander Calders Mobiles und den Konstruktivisten inspirierten Werke haben Tinguelys Ruhm als Wegbereiter der kinetischen Kunst begründet. Er war ein begnadeter Netzwerker, der enge Kontakte mit Künstlern, Kritikern, Galeristen und Sammlern pflegte und seine Werke als Performances in Paris, London, Mailand und New York inszenierte. Die „Stimmen" seiner Maschinen-Skulpturen klingen so skurril und anarchisch wie die Lautgedichte des von ihm bewunderten Dadaisten Kurt Schwitters. Doch auch stumm und unbeweglich sind die Werke des Schweizer Künstlers eine Provokation – wie die voluminösen Frauenfiguren seiner zweiten Ehefrau Niki de Saint Phalle.

Lieblingsplatz mit Seeblick: die Fischerhütte am Zürichhorn

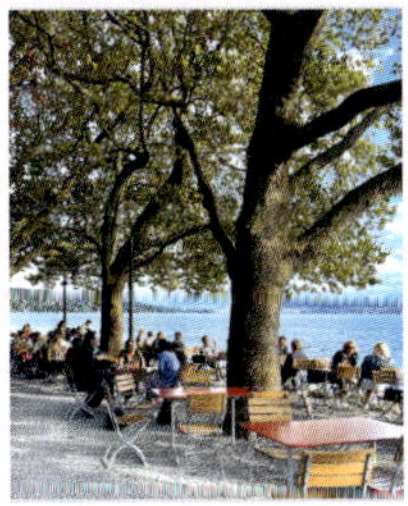

❸ SCHWEIZERPSALM-DENKMAL

Mit dem See zur Linken schlagen wir den Weg zur Oper ein. Rechter Hand ein Ehrenmal mit grünem Kupferdach. Es huldigt dem Dichter des Schweizerpsalms, Leonhard Widmer (1808 – 1865) und dem Zisterziensermönch Alberik Zwyssig, der ihn 1841 vertonte. 1961 bestimmte der Bundesrat das Lied zur Nationalhymne auf Zeit.

Schweizerpsalm-Denkmal, Franz Wanger, 1907

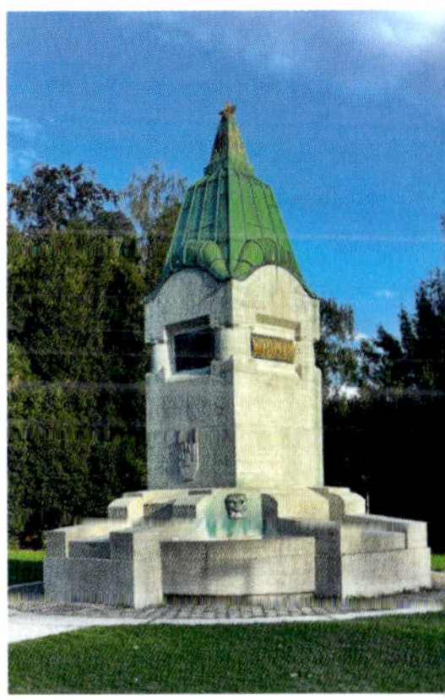

Monovolume: Croix élevée, Mary Vieira, 1958

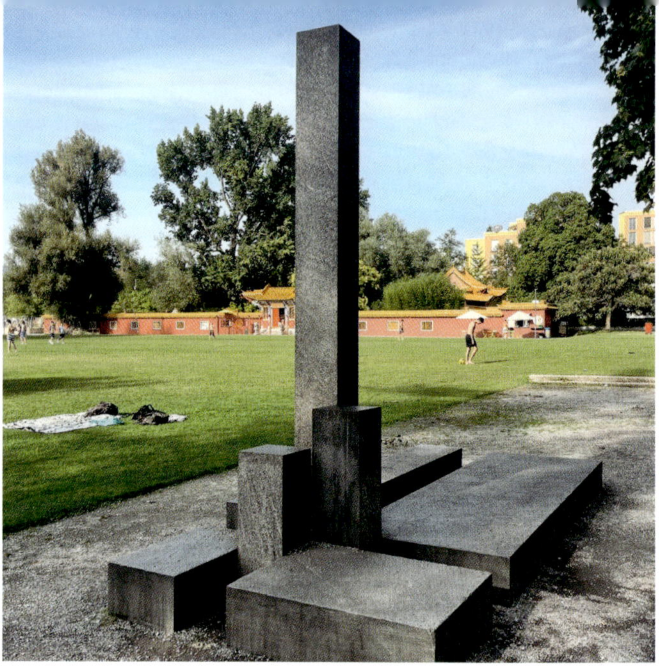

Andacht, Albert Carl Angst, 1931

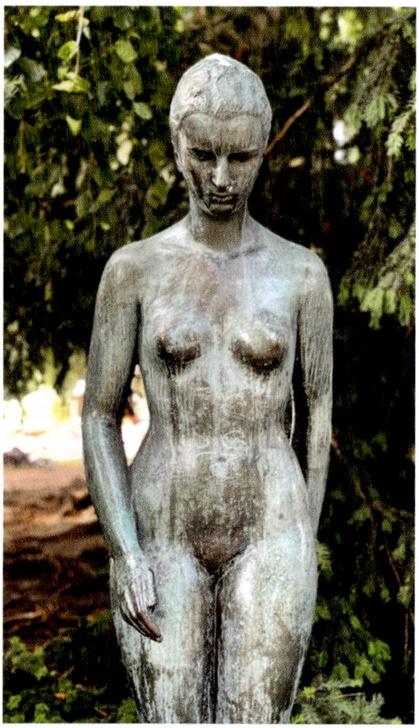

4 MONOVOLUME: CROIX ÉLEVÉE

Wir folgen dem Sandweg an der Blatterwiese, hinter der ein kleiner chinesischer Garten liegt, und stoßen an der nächsten Wegkreuzung auf zwei Kunstwerke, deren Namen nach Kirche und Glauben klingen, obwohl beide überaus weltlich wirken. Croix élevée (aufgerichtetes Kreuz) hat Mary Vieira die schlanke Granitsäule genannt, deren Fuß von niedrigen Steinquadern umlagert ist. Ein Ensemble, das man angesichts des Werktitels als zerlegtes bzw. „dekonstruiertes" Kreuz interpretieren könnte.

5 ANDACHT

Auf der anderen Seite des Wegs steht eine nackte Frau mit geschlossenen Füßen und lockeren Armen, die Haare am Kopf zusammengefasst, und blickt so konzentriert zu Boden, als wolle sie gleich von ihrem Sockel ins Wasser springen. Allein der See ist noch ein Stück entfernt; der Moment der Besinnung kann viele Gründe haben.

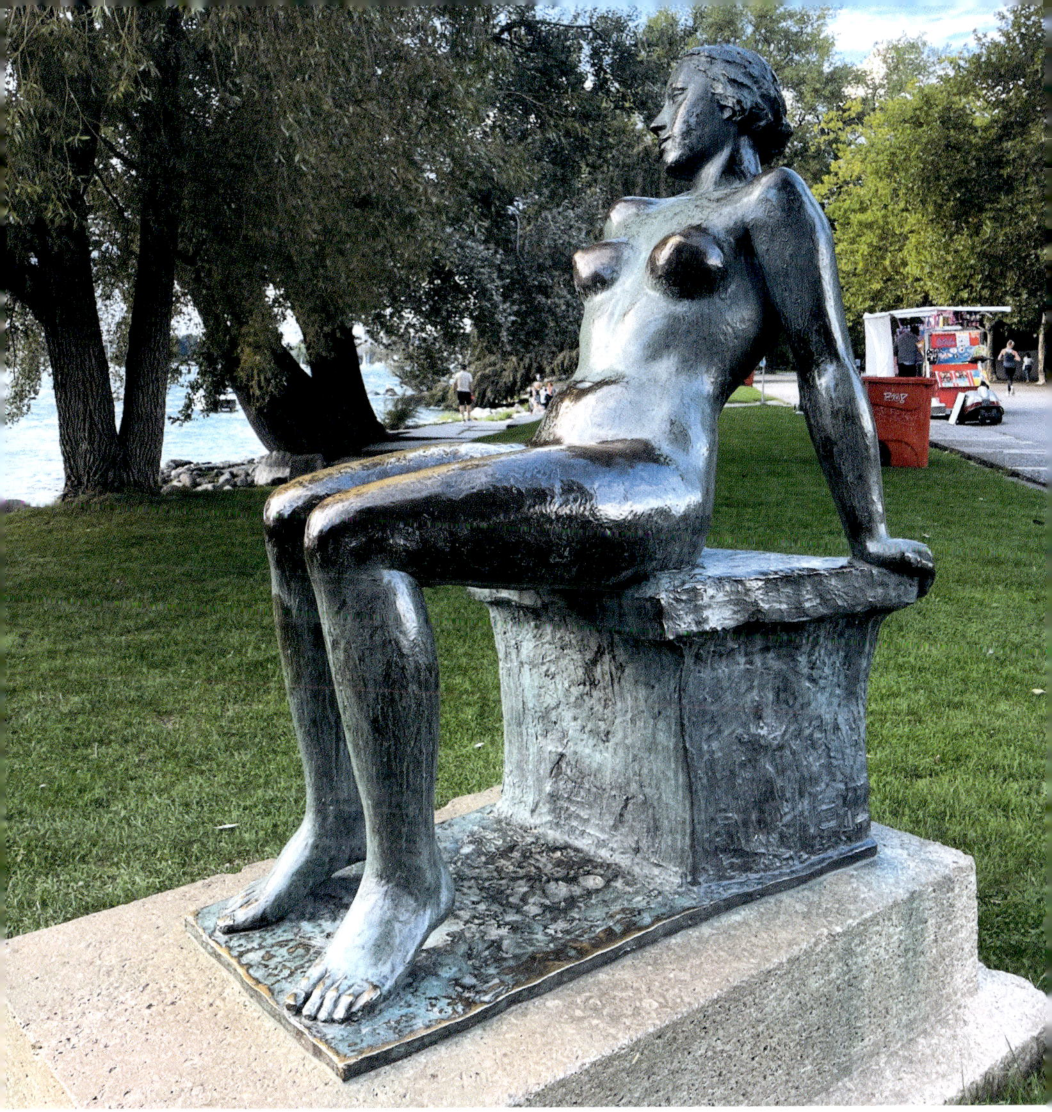

6 SITZENDE

Etwa 50 Schritte weiter begegnen wir der dritten Bronzedame. Sie scheint gerade dem Wasser entstiegen und sitzt zurückgelehnt auf einem Sockel, den Oberkörper auf die ausgestreckten Arme gestützt, um sich nach dem Bad im See in der Sonne zu trocknen. Keine schlechte Idee an warmen Tagen. Das Ufer ist seicht und das Baden überall gestattet, nicht nur im romantischen, etwa hundert Meter entfernten Seebad Utoquai.

Sitzende, Hermann Hubacher, 1934

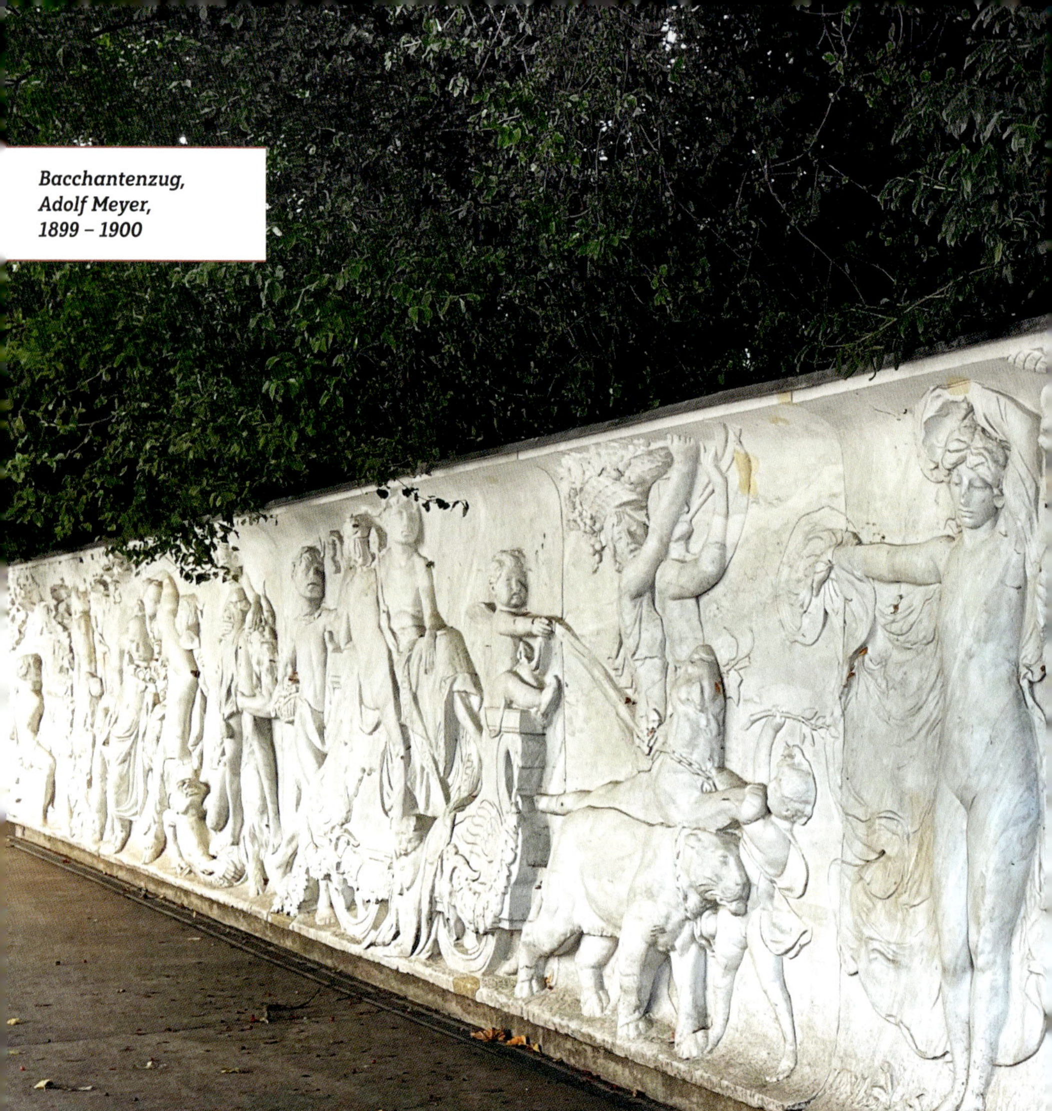

Bacchantenzug, Adolf Meyer, 1899 – 1900

7 BACCHANTENZUG

Ein weißes Marmorrelief flankiert ein Stück des Weges. Es zeigt den ekstatischen Zug der Bacchanten, trinkfreudige Anhänger des griechischen Weingottes Dionysos und seiner kultischen Feiern. Einst zierte die Mauer den Garten des Palais Henneberg. Die Residenz des Seidenfabrikanten und Kunstmäzens Karl Gustav Henneberg wurde 1969 abgerissen. Der dekorative Fries blieb erhalten und erinnert an die rauschhaften Feste der Gründerzeit.

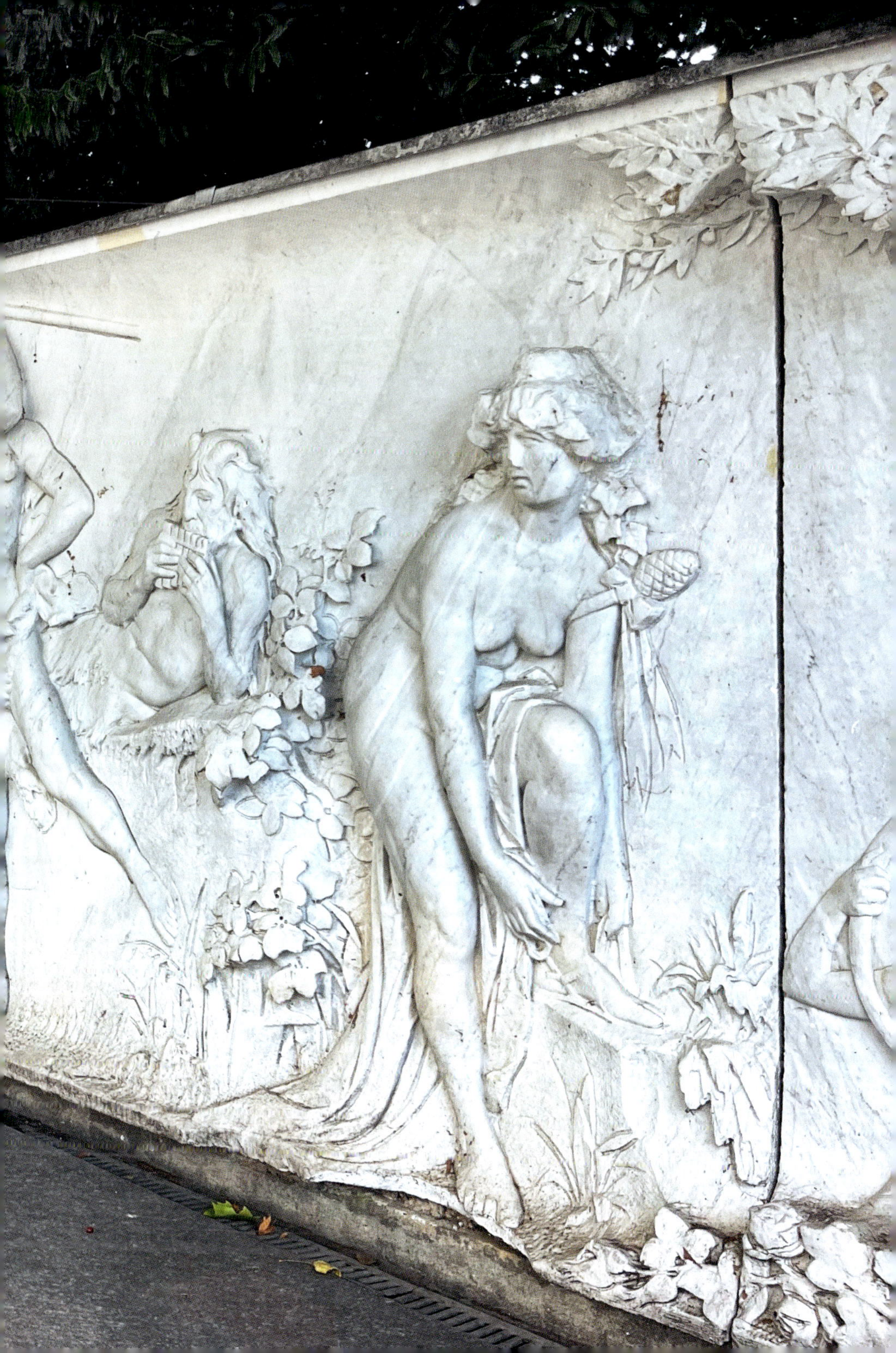

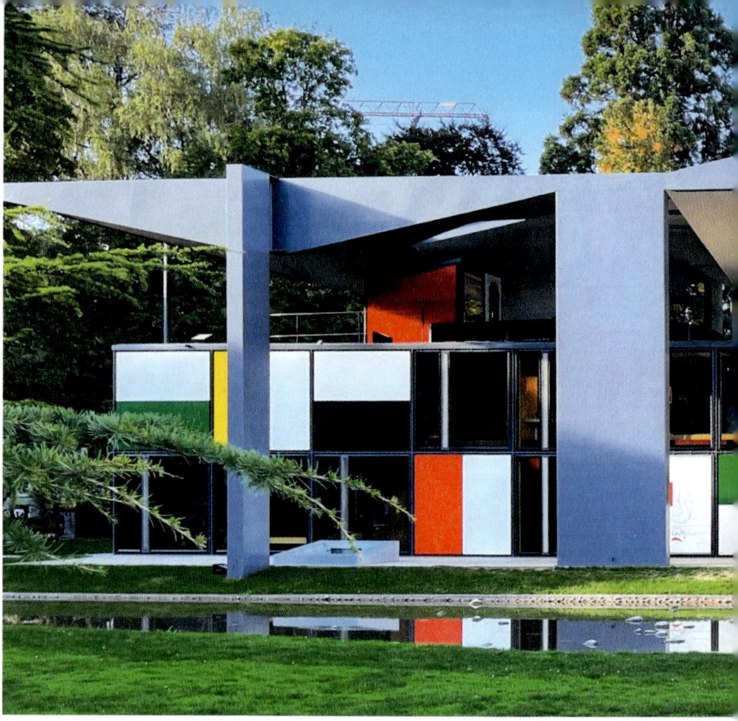

Pavillon Le Corbusier, Le Corbusier, 1960 – 1967

8 PAVILLON LE CORBUSIER

Hinter dem „Bacchantenzug“ liegt der Pavillon von Le Corbusier (mit bürgerlichem Namen Charles-Édouard Jeanneret-Gris), ein Gesamtkunstwerk aus Architektur und Design, Stahl, Glas, Farben und Licht. Es ist der letzte Bau des weltberühmten Schweizers, der in seinem Geburtsort La Chaux-de-Fonds mehrere Einfamilienhäuser und ein Kino errichtete, bevor er 1917 nach Frankreich umsiedelte. Le Corbusier behielt ein zwiespältiges Verhältnis zu seinem Heimatland und wurde 1930 französischer Staatsbürger.

Vielleicht ist der Pavillon am Zürisee eine späte Versöhnung, ein Vermächtnis. Ein Ausstellungsraum mit Idealmaßen, vorgefertigt und vor Ort montiert. Konzipiert nach dem von Le Corbusier entwickelten Maßsystem Modulor, basierend auf dem Goldenen Schnitt. Außen farbige Paneele, innen Holz und Schiefer, Möbelklassiker zum Bewundern und Ausruhen. Eine skulpturale Rampe verbindet die Stockwerke bis zur Terrasse unter den scheinbar schwebenden Dachsegeln. Ein beflügelnder An- und Ausblick!

Bauherrin des Pavillon war die Galeristin und Innenarchitektin Heidi Weber, die ihn 1967 als Centre Le Corbusier eröffnete. Nach umfassender Sanierung ist er heute Teil des Museums für Gestaltung Zürich und von Mai bis November geöffnet.

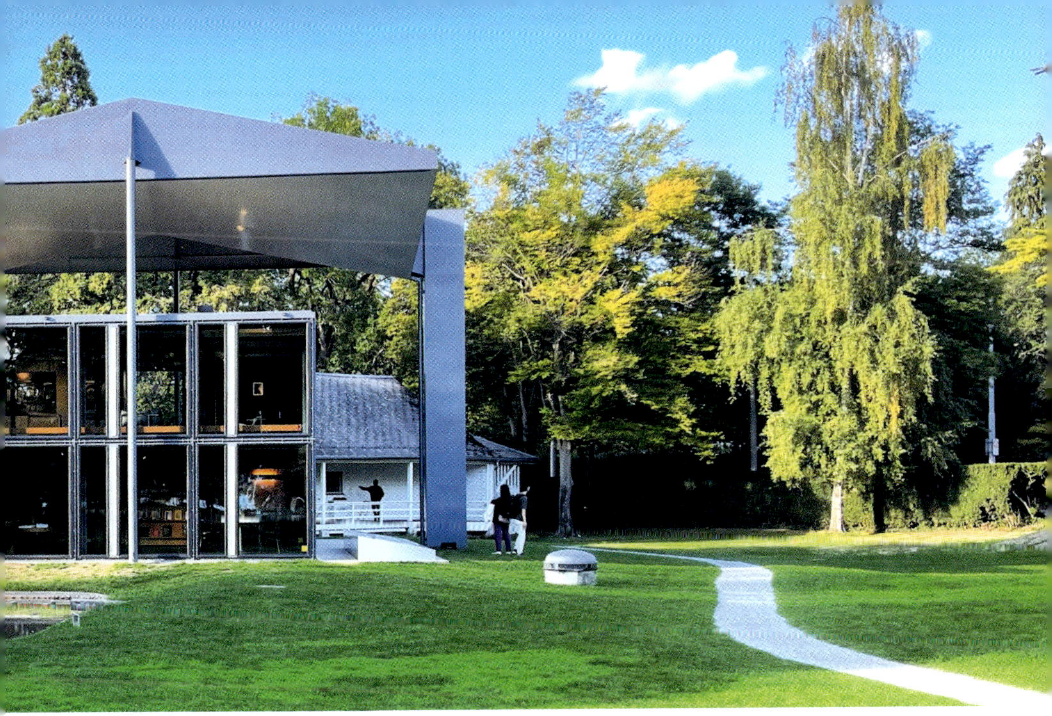

LE CORBUSIER, PURIST UND PIONIER. VEREHRT UND UMSTRITTEN.

Le Corbusier war einer der tonangebenden Architekten des 20. Jahrhunderts. Zeichner, Maler, Designer, Stadtplaner, Herausgeber der Architekturzeitschrift „Le nouveau esprit" (übersetzt: der neue Geist). Er entwarf Zukunftspläne für grüne, menschenfreundliche, „strahlende" Städte, darunter Paris, Stockholm, Moskau und New York, propagierte eine neue Art des Bauens; die wichtigsten Zutaten: Himmel, Bäume, Stahl und Beton – in dieser Reihenfolge. Er ließ Gebäude in den Himmel wachsen, um am Boden mehr Raum für Grün zu lassen, pries die Vorteile von Standard und Serie als Grundlage von Durchsetzung und Langlebigkeit, bewies, dass genormte „Wohnmaschinen" im Inneren freizügig, vielfältig und individuell sein können. Sein Gesamtwerk umfasst poetische Kirchen und brutalistische Wohnsilos, die erst bei genauer Betrachtung ihren Charme enthüllen, wie die 337 Apartments umfassende „Cité radieuse" in Marseille, ein „vertikales Dorf", von Gegnern scharf kritisiert, seit 2016 UNESCO-Weltkulturerbe. Sein Streben nach funktionaler Ästhetik im Geist des Bauhauses fasste er pragmatisch zusammen:

„Das Auto ist eine Maschine zum Fahren. Das Haus ist eine Maschine zum Wohnen."

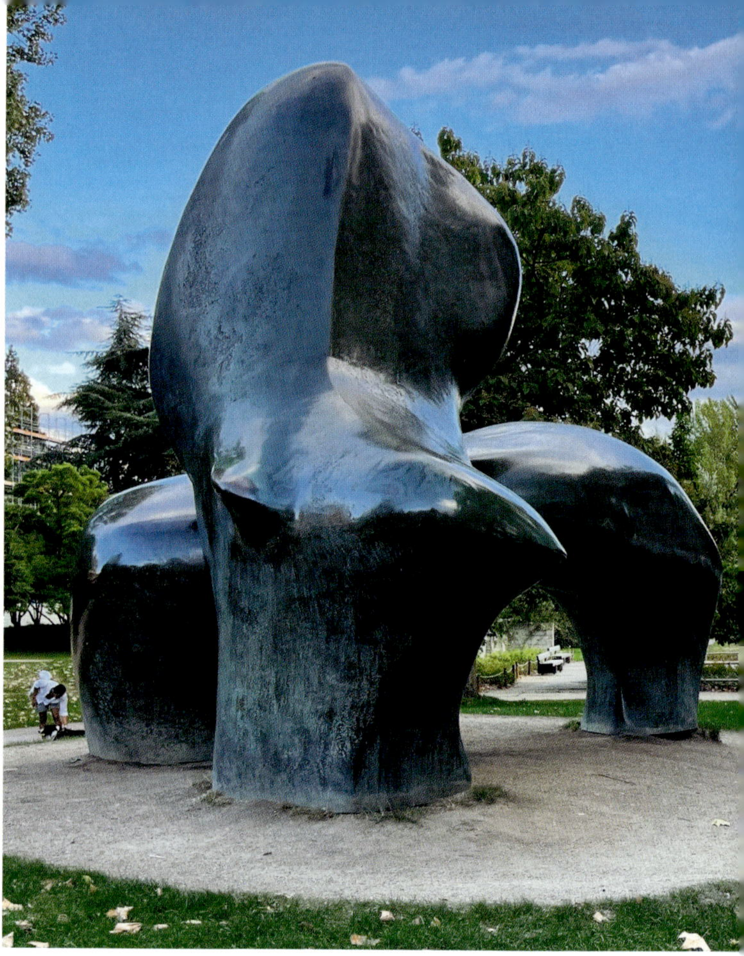

Sheep Piece,
Henry Moore,
1971 – 72

Feldmannbrunnen,
Markus Feldmann,
1980

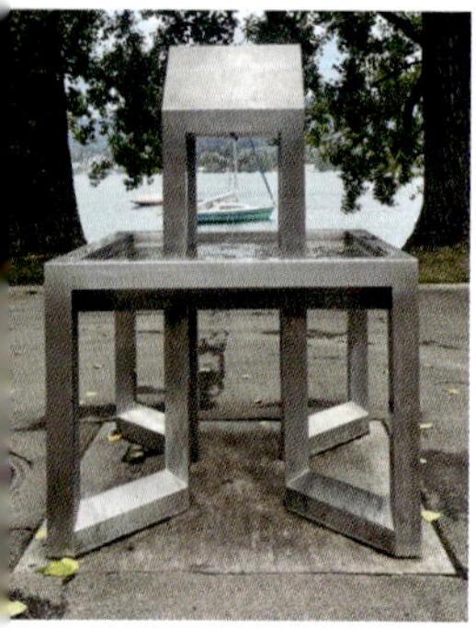

9 FELDMANNBRUNNEN

Zurück an der Seepromenade stoßen wir auf einen Brunnen, dessen geradlinige, weiße Stahlstruktur an das Modell eines Architekten erinnert: Haus auf Tisch. Der Künstler greift die Form der prähistorischen Pfahlbauten auf, die in der Steinzeit hier im Stadtteil Seefeld entstanden.

10 SHEEP PIECE

Auf einem Hügel neben dem Uferweg liegen zwei große, weich gerundete Körper, die vielleicht an zusammengerollte Braunbären erinnern, aber kaum an kleine, wollige Schafe – und doch trägt die

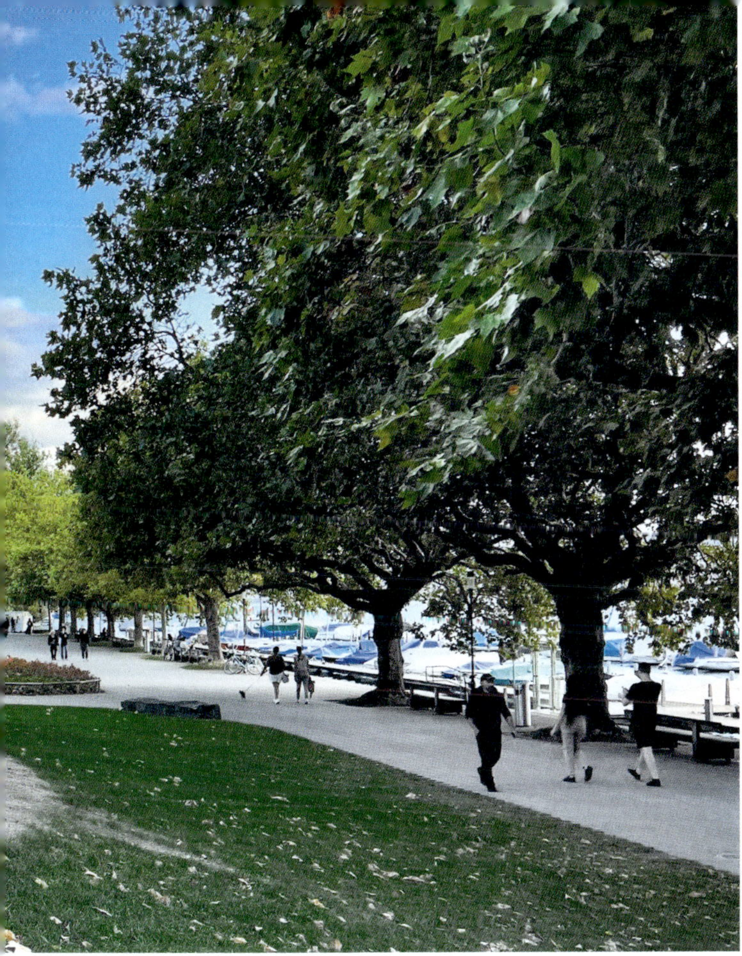

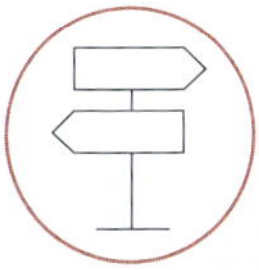

Nur sehr aufmerksame Spaziergänger werden die leicht geschwungene Granitsäule „Figur I" am Wegrand bemerken, die Hans Aeschbacher 1955–56 gestaltet hat.

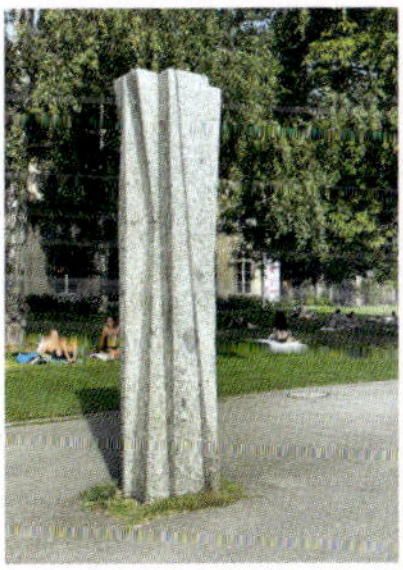

Plastik von Henry Moore (1898 – 1986) den Namen „Sheep piece" (Schafstück), eine Reminiszenz an seine Heimat. Das Original steht auf einer Schafswiese in Perry Green, Hertfordshire, seit 1940 Sitz, Atelier und Skulpturengarten der Henry Moore Foundation.

Mit dem Zerlegen von Körpern und dem Einfügen von Spalten und Mulden lässt der Künstler Mensch und Natur verschmelzen. Seine bis zur Unkenntlichkeit stilisierten Figuren lassen der Fantasie viel Raum zum Interpretieren. Seine Produktivität und Vielseitigkeit haben ihm den Spitznamen „Picasso der Skulptur" beschert. Kaum ein Bildhauer ist weltweit so präsent wie Henry Moore.

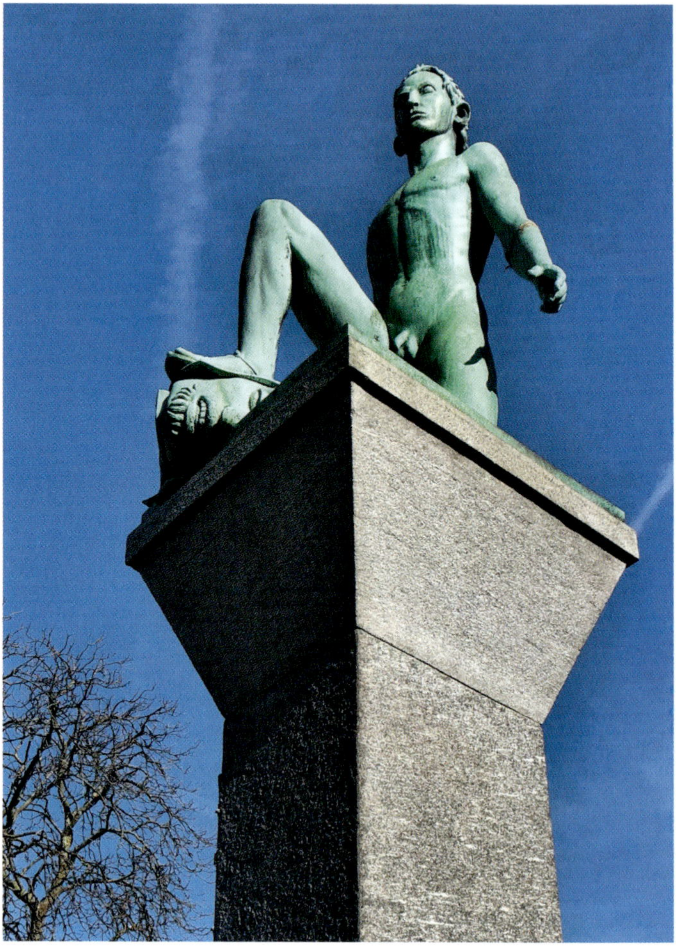

David, Ivar Johnsson, 1921

Am Kopf des Sechseläutenplatzes steht der klassizistische Prachtbau der 1891 eingeweihten Oper und links vom Eingang „Die Schreitende", eine Bronzefigur von Otto Charles Bänninger (1944).

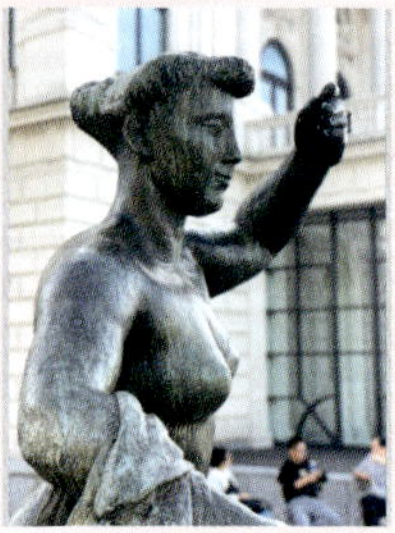

11 DAVID

Am Schiffländeplatz auf der Höhe der prachtvollen Oper kniet ein nackter Jüngling auf hoher Säule: David, den rechten Fuß auf dem abgeschlagenen Kopf des Goliath, in der rechten Hand das mächtige Schwert des Riesen, mit dem er ihm das Haupt abgetrennt hat. Seine eigene Waffe – die Steinschleuder – bleibt unsichtbar. Der ungleiche Zweikampf gehört zu den meistzitierten Bibelgeschichten in der bildenden Kunst. Viele Bildhauer haben dem dramatischen Geschehen Gestalt gegeben, Caravaggio, Rubens und Dali (u. a.) haben es gemalt.

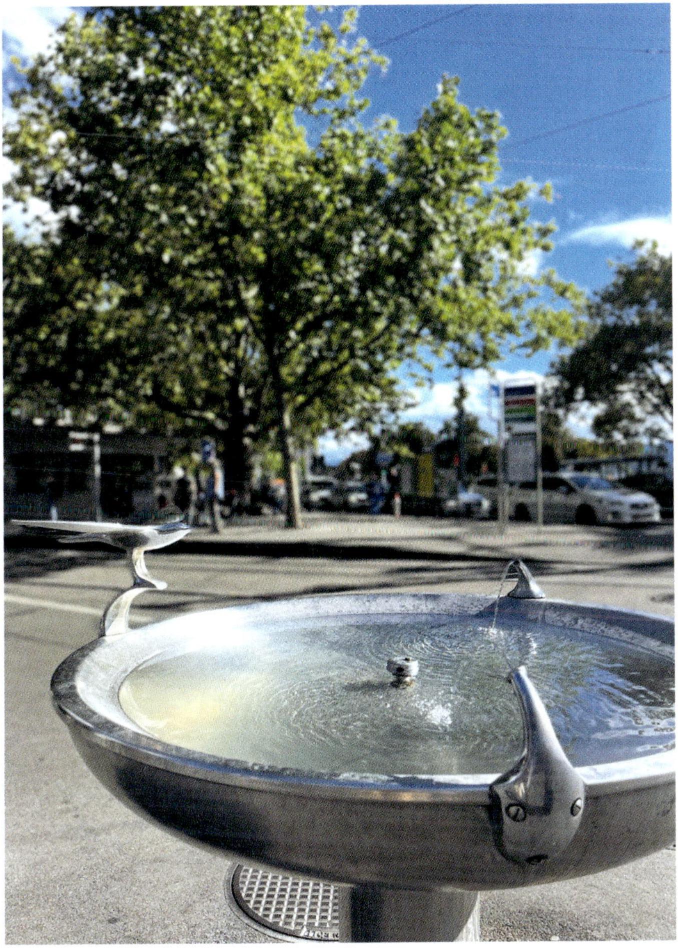

Trinkbrunnen mit Knaben / mit Möve, Otto Münch, 1938

⑫ TRINKBRUNNEN

Wir folgen dem Seeufer bis zum Bellevueplatz (neben dem Sechseläutenplatz) und entdecken vor dem großen Pavillon unter den Bäumen zwei Brunnenschalen. In beiden fließt frisches Trinkwasser, gespeist von einer der 160 Quellen auf den Hügeln der Stadt. Das größere Becken schmücken drei große Fische, auf denen liegende Knaben lässig wie Zirkusreiter balancieren, am Rand der kleineren Schale setzt eine silberne Möve – wie die Fische aus verchromtem Weißblech – zum Flug an.

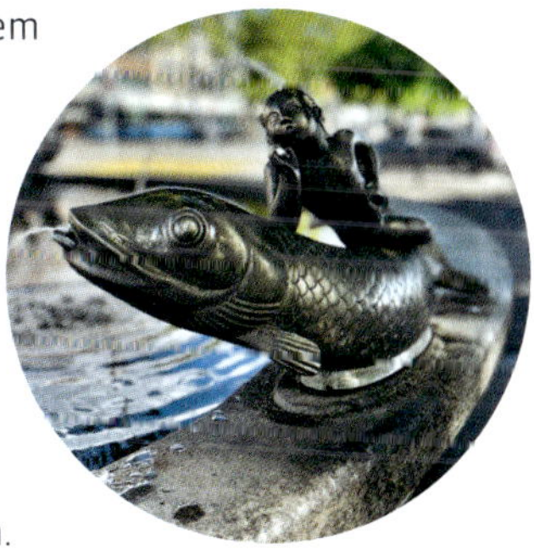

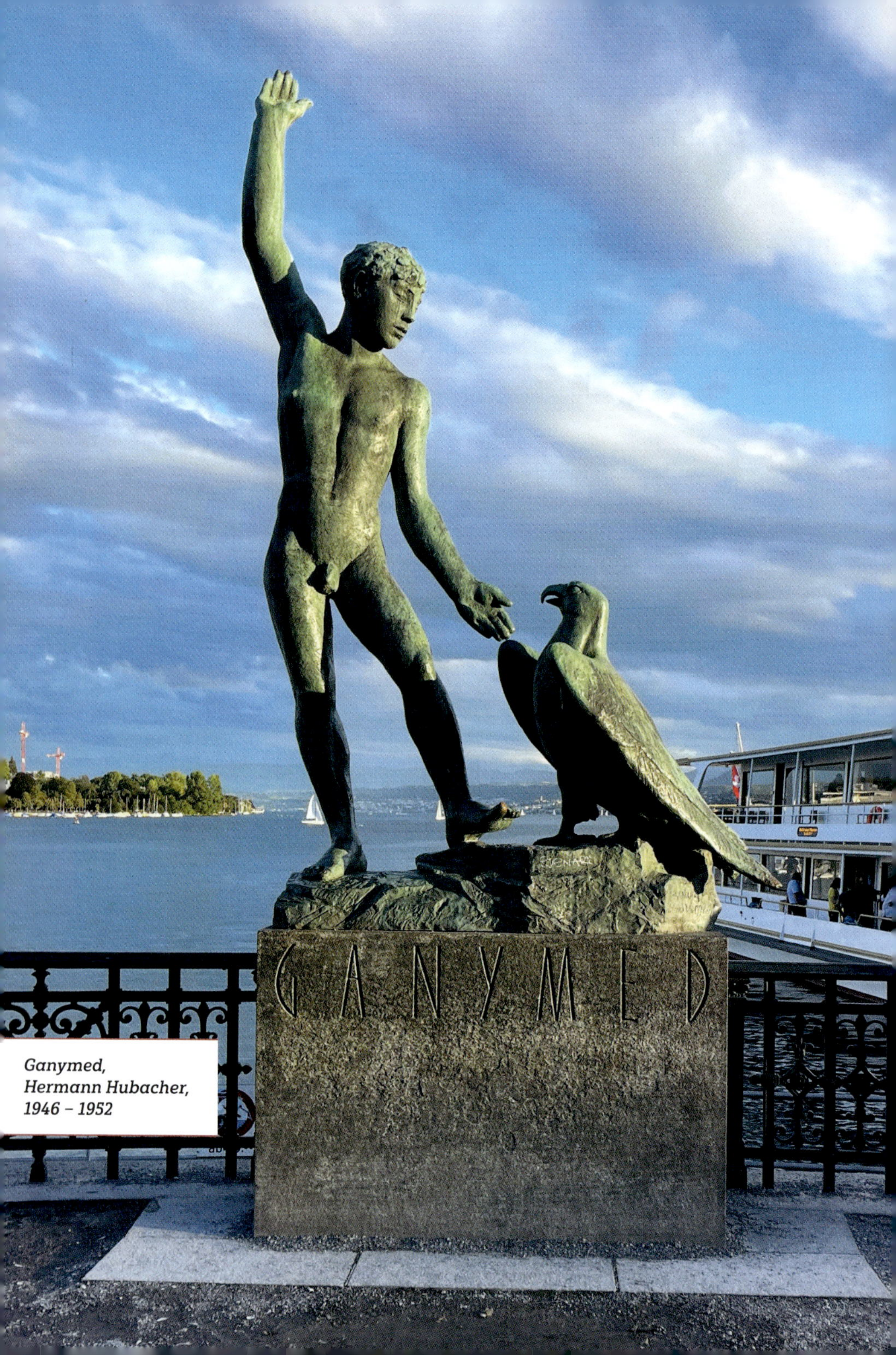

Ganymed,
Hermann Hubacher,
1946 – 1952

13 GANYMED

Auf der Bürkliterrasse am Kopf des Zürisees steht ein Jüngling, den Arm erhoben, als winke er den Ausflugsschiffen zu. Doch er wendet dem glitzernden Wasser den Rücken zu und streckt die linke Hand einem Adler entgegen, der mit geöffnetem Schnabel zu seinen Füßen hockt. Woher kommt dieser Raubvogel? Noch etwa 300 Steinadler-Brutpaare ziehen in den Schweizer Alpen ihre Kreise auf der Jagd nach Murmeltieren, doch die Fischadler sind schon lange ausgestorben. Des Rätsels Lösung: Der Göttervater Zeus hat sich in den König der Lüfte verwandelt, um den schönen Ganymed zum Olymp zu entführen.

Am Schanzengraben fällt der Blick auf eine himmelhohe Stele mit einer Bronzeskulptur auf der Spitze: „Die Zeit" scheint uns von dort oben zuzuwinken. Franz Fischer, 1962.

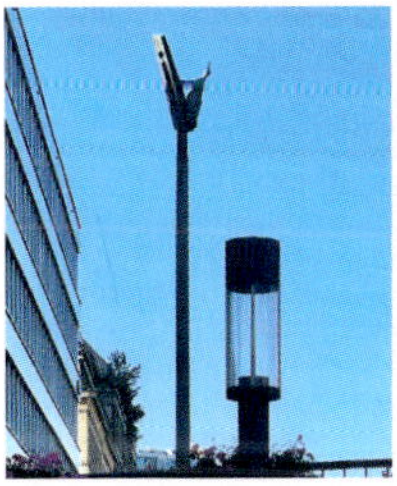

14 GANYMEDS SCHWESTER

Auf der Seepromenade Richtung Westen stößt man auf eine rosafarbene Schale, die aus der Ferne klein und unscheinbar wirkt. Beim Näherkommen entpuppt sie sich als voluminöses Kunstobjekt, eine oben offene Halbkugel- bzw. Dreiviertelkugel aus farbigem Beton, überzogen mit einer „Glasur" aus fließendem Wasser. Eine kaum wahrnehmbare transparente Hülle, die dem harten, stumpfen Werkstoff einen feinen Glanz, Lebendigkeit und Leichtigkeit verleiht.

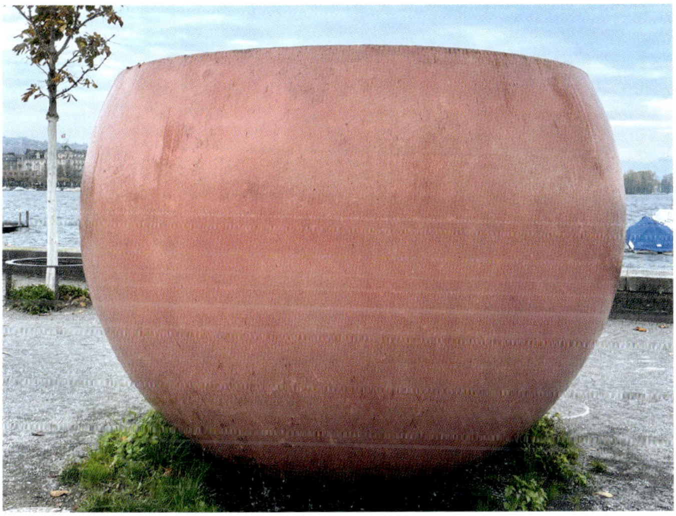

Ganymeds Schwester, Christoph Haerle, 2003

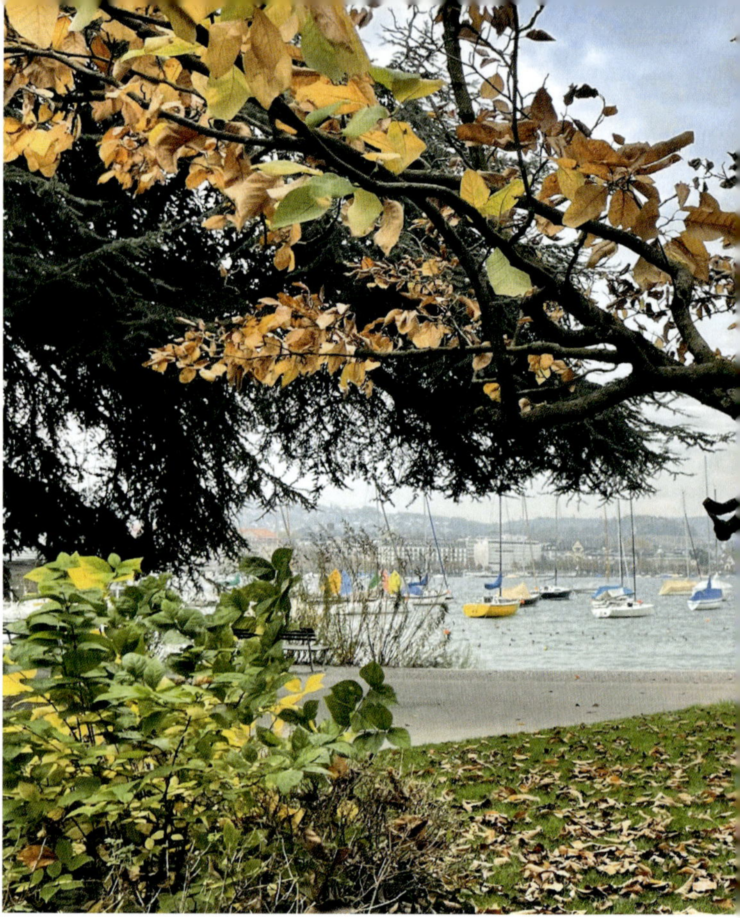

Wo die Seepromenade auf den Park „Arboretum" trifft, steht ein monumentaler Brunnen. Der Zürcher Architekt Alfred Friedrich Bluntschli entwarf ihn 1909 im Stil der italienischen Frührenaissance. Wer mehr über die 1.200 Zürcher Brunnen erfahren will, kann sich sechs verschiedene „Brunnenguides" im Internet bestellen.

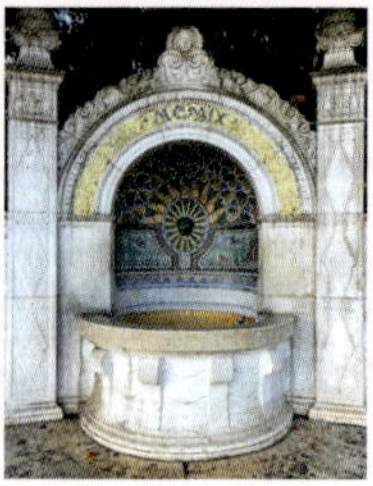

15 APHRODITE

Im Arboretum, auf Höhe des General-Guisan-Quai 26, steht die Göttin Aphrodite in anmutiger Pose. Die linke Hand der Bronzestatue umschließt einen Ball – oder den Apfel, den sie von Paris erhielt, als er sie zur Schönsten der Göttinnen erklärte.

GARTENDENKMAL UND SALON: DAS ARBORETUM

Ende des 19. Jahrhunderts entdeckte die Zürcher Gesellschaft das Flanieren als neues Freizeitvergnügen; die Stadt öffnete sich zum See und es entstanden die Quaianlagen zwischen dem Zürihorn und dem Hafen Enge, darunter das „Arboretum", lateinisch: ein Platz für Pflanzen.

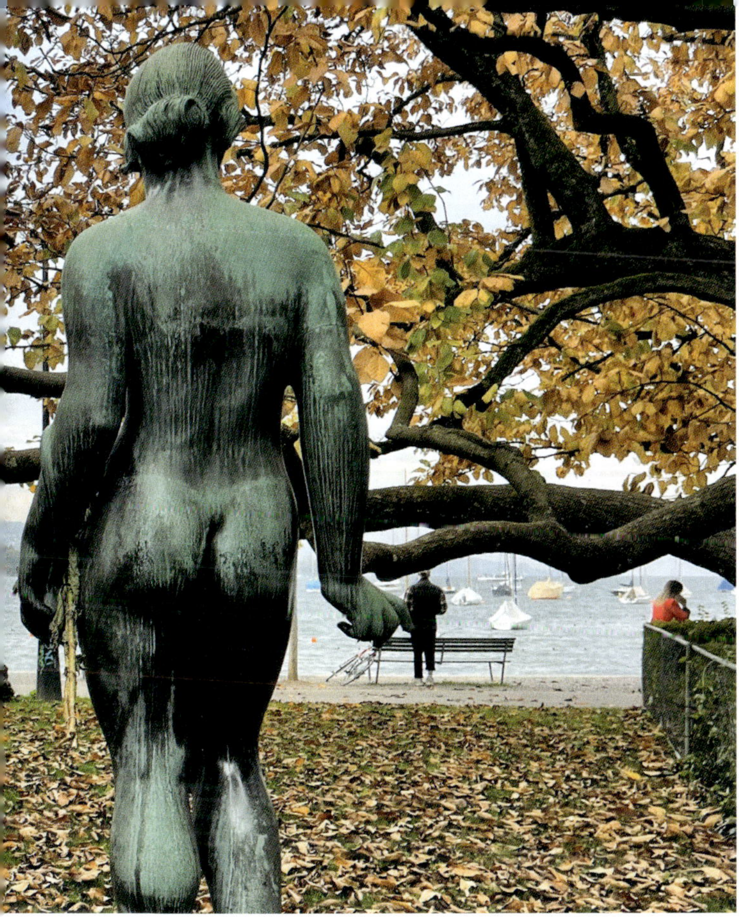

Aphrodite, Einar Utzon-Frank, 1921

Der kleine Park in der nordwestlichen Ecke des Zürisees wurde zwischen 1882 und 1887 künstlich angeschüttet – über 200.000 qm^2 hinzugewonnenes Land – und mit wissenschaftlicher Akribie und einer guten Portion Exotismus gestaltet. Ein englischer Landschaftspark en miniature, zugleich ein botanisches Museum, in dem Bäume und Pflanzen aus fast allen Kontinenten wachsen, von den Alpen bis zum Orient, von Kalifornien bis Kanada. Nur Botaniker dürften die ganze Vielfalt erkennen, doch beliebt ist das Arboretum bei allen Besuchern, auch wenn es im Volksmund „Rentenwiese" heißt.

Ein Gedenkstein erinnert an Arnold Bürkli, den leitenden Ingenieur der Quaibaukommission.

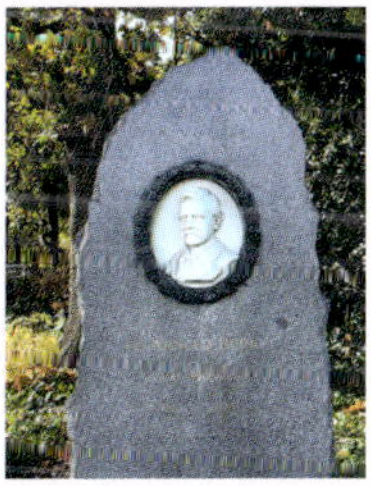

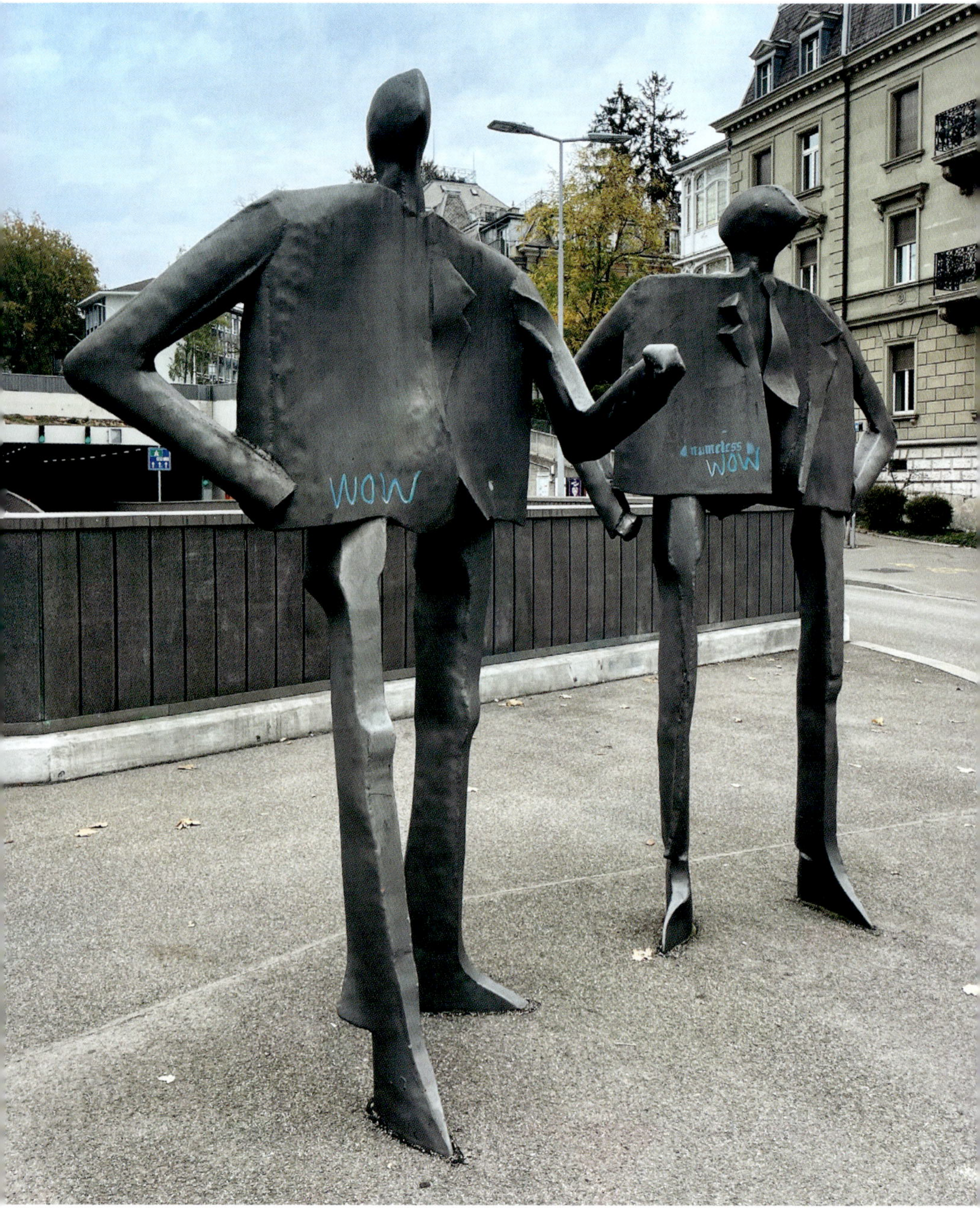
wow
nameless WOW

16 IM GESPRÄCH

Ein zehnminütiger Abstecher führt über die Breitingerstrasse zur Alfred-Escher-Strasse und rechter Hand zur Seestrasse (Anfang Bleicherweg). Nur wenige Schritte von der Tramhaltestelle Tunnelstrasse entfernt stehen zwei markante Herren aus grauem Metall Schulter an Schulter am Straßenrand. Lange Beine, breite Schultern, Anzug und Krawatte – vielleicht Geschäftsleute, sicherlich Städter (und keine Landleute), denn sie scheinen den regen Verkehr mit Gleichmut zu betrachten, wirken wie ein selbstverständlicher Teil des Stadtlebens. In Singapur trifft man sie in der schicksten Einkaufsstraße vor dem Shopping Center ION Orchard, dort in knallbunten Farben, ein Tribut an die US-amerikanische Popart, die Kurt Laurenz Metzler in den 60er-Jahren in New York entdeckte. „Urban people" (übersetzt: Stadtmenschen) hat der Künstler die ikonischen Metallmenschen genannt. Dass sie in Zürich in gedecktem Grau gekleidet sind, passt zur zurückhaltenden Mentalität der Schweizer.

Im Gespräch, Kurt Laurenz Metzler, 1973

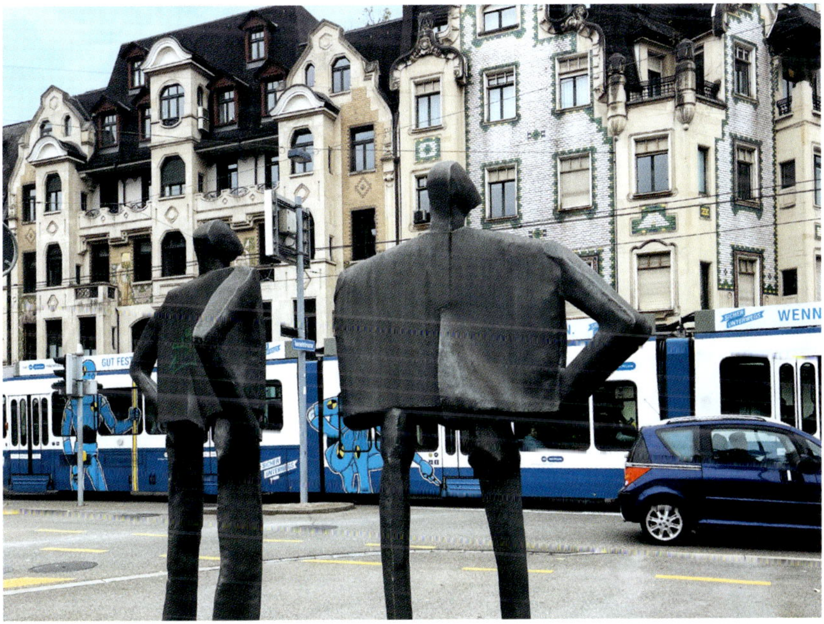

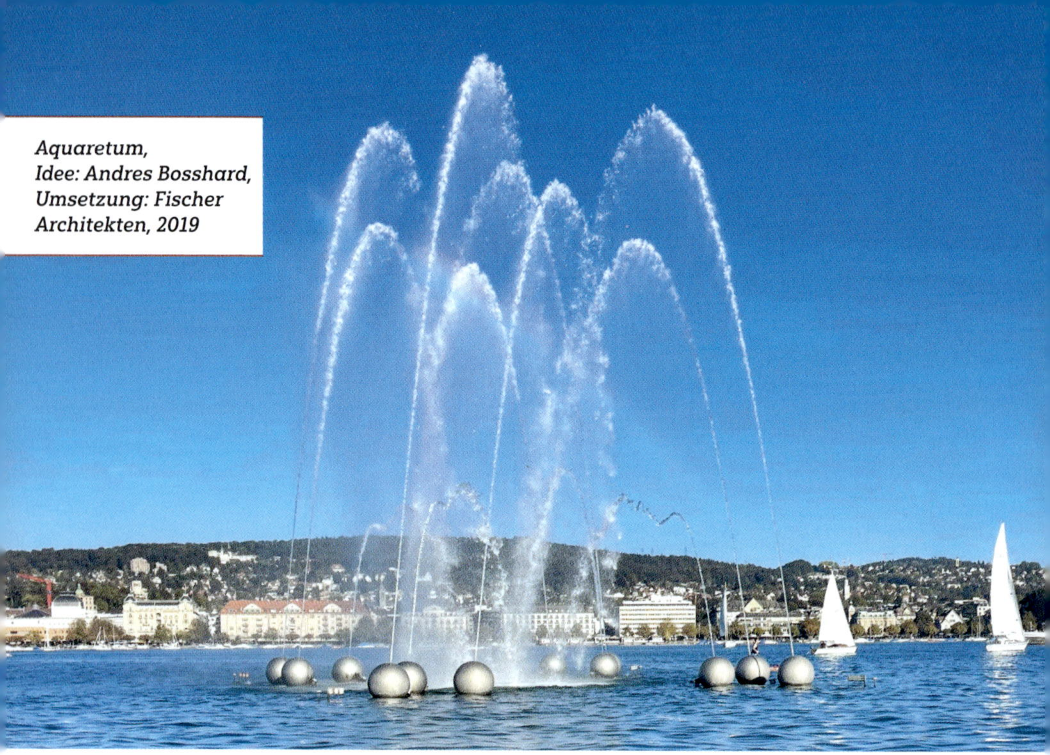

*Aquaretum,
Idee: Andres Bosshard,
Umsetzung: Fischer
Architekten, 2019*

17 AQUARETUM

Wer vom Seeufer den Blick über das Wasser schweifen lässt, erblickt eine ganz und gar ungewöhnliche Skulptur: 12 Wasserstrahlen, die in schmalen gotischen Bögen aufsteigen und fallen, doch nicht etwa regelmäßig und vorprogrammiert, sondern dem natürlichen Rhythmus der Erde folgend. Die Springbrunnentechnik ist mit der Erdbebenstation der ETH Zürich verbunden und setzt seismische Daten in Druck und Bewegung um. KI für moderne Wasserkunst – schöne neue Welt.

An der Spitze des Hafendamms wacht der „Zürileu" mit der Pranke auf dem Stadtwappen.

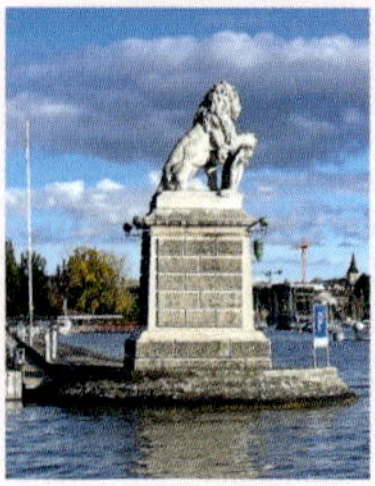

18 GOTTFRIED-KELLER-DENKMAL

An der Schiffshaltestelle begegnen wir der Büste von Gottfried Keller, einem der bekanntesten deutschsprachigen Schriftsteller seiner Zeit (1819 – 1890). Er kam als Sohn eines Drechslermeisters in Zürich zur Welt. Der Vater starb früh und die Mutter musste dem Sohn die Ausbildung zum Landschaftsmaler bezahlen, als der rebellische Hitzkopf von der Schule flog. Während des Malens ent-

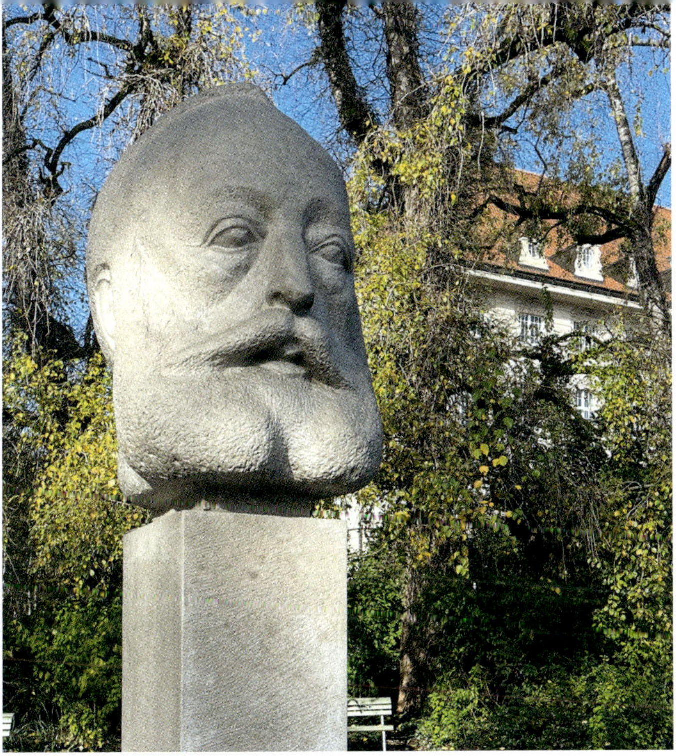

Gottfried-Keller-Denkmal, Otto Charles Bänninger, 1963

deckte dieser seine Lust am Dichten und dem Verfassen romantischer und politischer Lyrik, was 1861 in seine Anstellung als erster Zürcher Staatsschreiber mündete. 15 Jahre leitete Keller die Staatskanzlei, ein frei denkender Liberaler, der gegen Konservative und Jesuiten zu Felde zog, bevor er abdankte, um sich ganz der Schriftstellerei zu widmen. Der Titel seiner Novelle „Kleider machen Leute" ist zum geflügelten Wort geworden.

Zu dem mehrteiligen, kürzlich renovierten Denkmal gehören neben dem überlebensgroßen Haupt des Dichters auch die Bodenplatten, eine Sitzbank und ein Steinblock mit dem Werkverzeichnis des romantischen Realisten.

„Es ist gesünder, nichts zu hoffen und das Mögliche zu schaffen, als zu schwärmen und nichts zu tun."

Entspannung am Tag, Entertainment am Abend: „Samigo Amusement", Mythenquai 59.

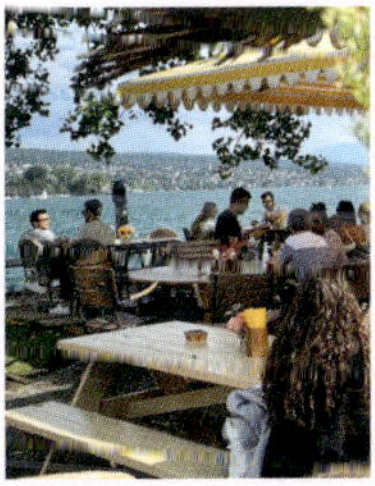

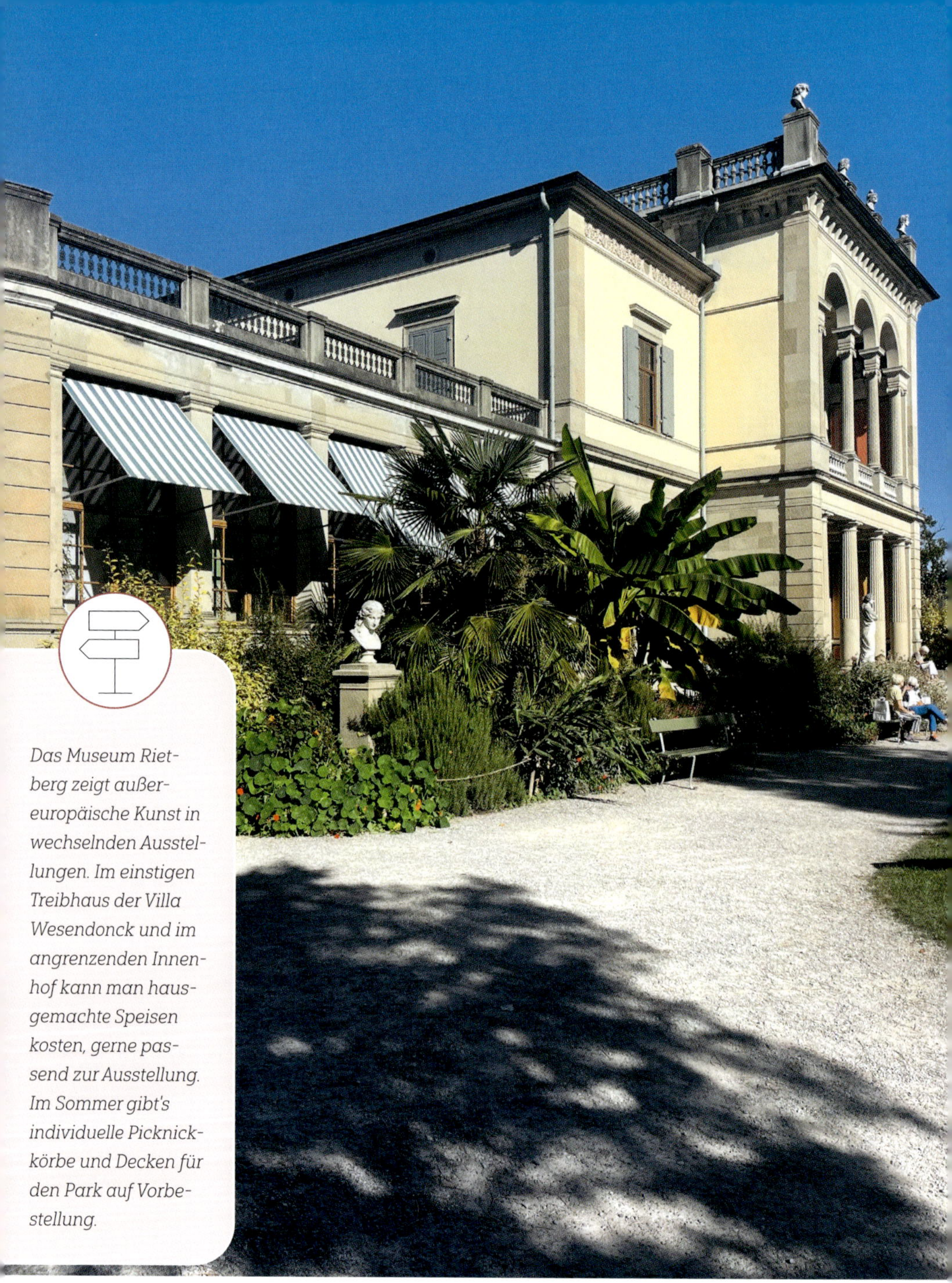

Das Museum Rietberg zeigt außereuropäische Kunst in wechselnden Ausstellungen. Im einstigen Treibhaus der Villa Wesendonck und im angrenzenden Innenhof kann man hausgemachte Speisen kosten, gerne passend zur Ausstellung. Im Sommer gibt's individuelle Picknickkörbe und Decken für den Park auf Vorbestellung.

MUSEUM RIETBERG

Ein kurzer Spaziergang führt zum Museum Rietberg, das von der Höhe eines hügeligen Landschaftsgartens den See überblickt. Die Villa Wesendonck ist seit 1952 die fast privat anmutende Residenz für die weltumspannende und gleichzeitig sehr persönliche Kunstsammlung des Eduard von der Heydt.

1882 kommt er in Wuppertal-Elberfeld als Sohn einer Bankiersfamilie zur Welt. Er schlägt die vorgezeichnete Laufbahn ein und gründet in London ein Bankhaus, das im Ersten Weltkrieg enteignet wird. Jahre später gelingt ihm in Amsterdam der Neustart als Privatbankier und Vermögensberater, u. a. von Ex-Kaiser Wilhelm II. Seine neu gegründete Bank wird von der Familie Thyssen übernommen, doch er bleibt im Aufsichtsrat, führt die Bankgeschäfte in der Schweiz: Seit 1937 ist er Schweizer Staatsbürger. Die Nähe zum Nazi-Regime wird ihm später zum Vorwurf gemacht, wie die Mitgliedschaft in der NSDAP (trotz jüdischer Ehefrau).

Sein Renommee als Kunstsammler und Mäzen steht nie in Frage. Er wählt klug und strategisch, allein dem eigenen Urteil und Kunstgeschmack folgend. Seine Vorstellung der „ars una", Kunst in allem, prägt seine Sammelleidenschaft und die heterogene Zusammenstellung, unabhängig von Stilrichtung, Epoche, Kultur und Region. 1946 schenkt er die ostasiatischen Kunstwerke der Stadt Zürich und legt so den Grundstock für das Museum Rietberg. Die Gemäldesammlung stiftet er seiner Heimatstadt – deren städtisches Museum heute seinen Namen trägt.

Vielfältig sind auch seine Lebenswelten: barock im niederländischen Zandvoort, minimalistisch in Berlin – ein Mies van der Rohe-Bungalow am Wannsee, kosmopolitisch in Ascona. Sein dortiges Haus, die Casa Anatta, ist angefüllt mit afrikanischen und indischen Skulpturen. 1926 hat Eduard von der Heydt den Monte Verità erworben, die berühmte Kommune und Künstlerkolonie, Zuflucht für Kriegsflüchtlinge, Theosophen und Literaten. Wer sich im Museumscafé einen Picknickkorb bestellt und vom Rieter Park auf den glitzernden Zürisee hinabsieht, mag sich ein bisschen wie im Tessin fühlen.

19 FISCHER-BRUNNEN

Am Rande der Uferstraße Mythenquai, vor der Schweizer Rück, steht ein Bronzefischer vornübergebeugt und holt sein Netz ein. Ein großer Fisch hat sich darin verfangen; aus seinem Maul ergießt sich der Wasserstrahl in das Brunnenbecken. Sein Schöpfer Walter Valentin Mettler kam 1868 als Sohn eines Zimmermeisters in Herisau zur Welt. Statt zum Kaufmann (was die Eltern hofften) ließ er sich zum Grabbildhauer ausbilden, studierte bei dem Bildhauer August Bösch in Zürich, an Kunstakademien in München, Florenz, Rom und Paris, last not least in einer amerikanischen Keramikfabrik („Work & Travel" würde man heute sagen). Er war ein Suchender, ein Getriebener und Einzelgänger: ehrgeizig, unermüdlich, introvertiert und ungesellig. Ein eidgenössisches Kunststipendium (1900) war der Auftakt für seine produktivste Lebensphase und wiederholte Auszeichnungen für seine bildhauerische Arbeit. Nach 1920 wurden die Aufträge seltener und seine Schaffensfreude wich der Verbitterung über die fehlende Anerkennung. 1942 starb er in Zürich verarmt und vergessen.

Mädchen im Wind, Otto Münch, 1936

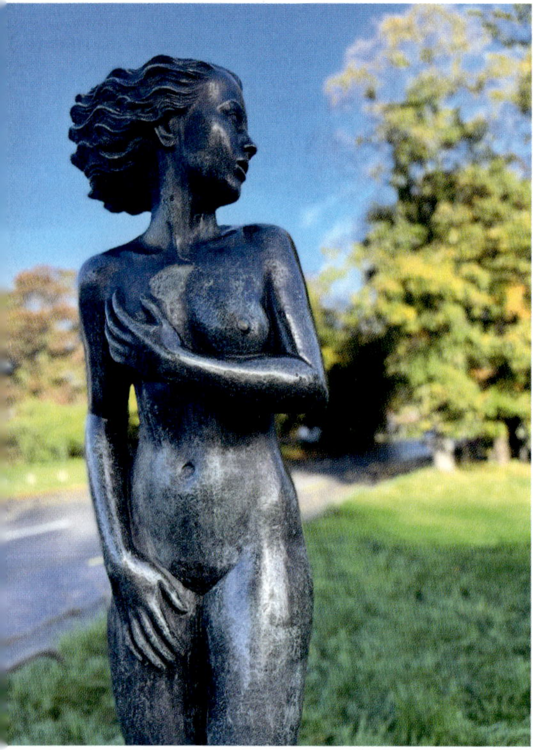

20 MÄDCHEN IM WIND

Wir folgen der Straße Mythenquai oder durchqueren – im Winterhalbjahr, wenn es geschlossen, aber das Gatter offen ist – das gleichnamige Freibad am Seeufer, bis wir an der Straße (Höhe Mythenquai 320) ein nacktes Bronze-Mädchen erblicken, das mit den Händen seine Blößen bedeckt. Sie hat den Kopf zum See gedreht und sieht dem Wind entgegen. Eine starke Brise lässt ihre lockigen Haare fliegen.

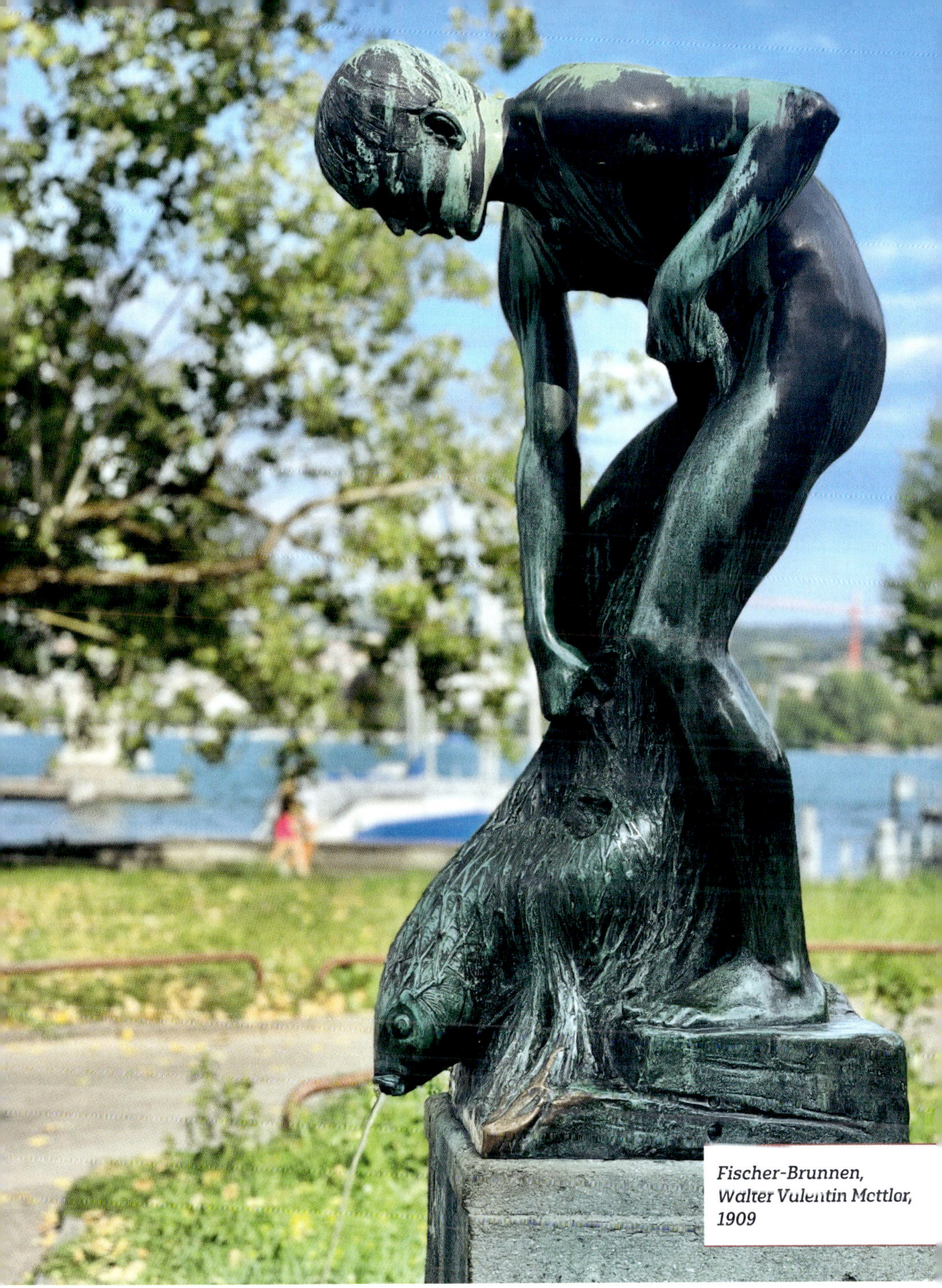

Fischer-Brunnen, Walter Valentin Mettler, 1909

Mädchen mit erhobenen Armen, Hermann Haller, 1939

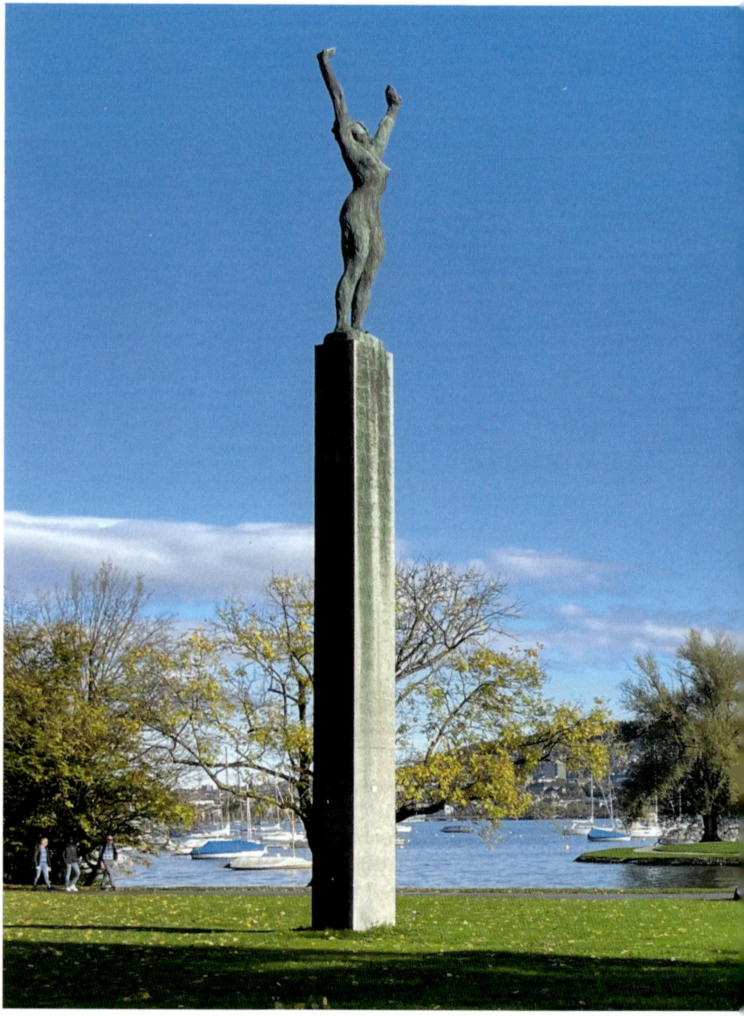

Das von Hermann Haller selbst entworfene Zürcher Atelier wird derzeit restauriert. Es ist eines der wenigen Beispiele von Bauhaus-Architektur in Holz.

21 MÄDCHEN MIT ERHOBENEN ARMEN

Auf der Landiwiese in Ufernähe steht ein anderes Mädchen auf himmelhohem Pfeiler und streckt die Arme nach oben, als versuche sie – wie der Atlas der griechischen Sage – den Himmel auf den Händen zu tragen. In der Körperhaltung der jungen Frau kommt ein Drang nach Freiheit und Ungebundenheit zum Ausdruck, den auch ihr Schöpfer – Sohn eines angesehenen Vaters und einer strengen Mutter – empfunden haben dürfte. Hermann Haller

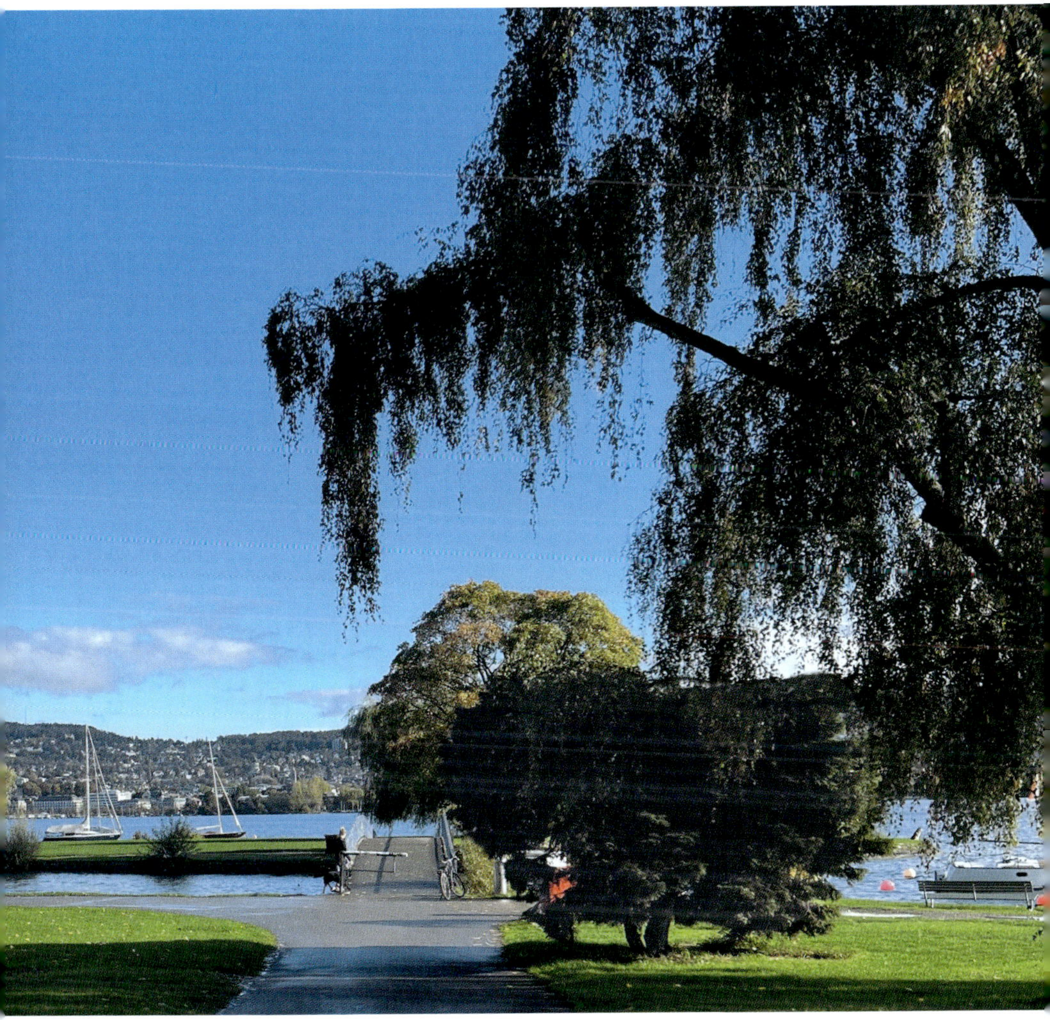

schuf die Frauenfigur für die vierte Schweizerische Landesausstellung, die von Mai bis Oktober 1939 am Züricher Seebecken stattfand. Mit der Betonung auf Heimatverbundenheit, Traditionen und landestypische Kulturgüter distanzierte sich die Schweiz von Nazi-Deutschland, das noch während der „Landi 39“ in Polen einfiel. In alpinem Kontext mag die herausgehobene Eidgenossin als Gipfelstürmerin der Schweizer Berge erscheinen.

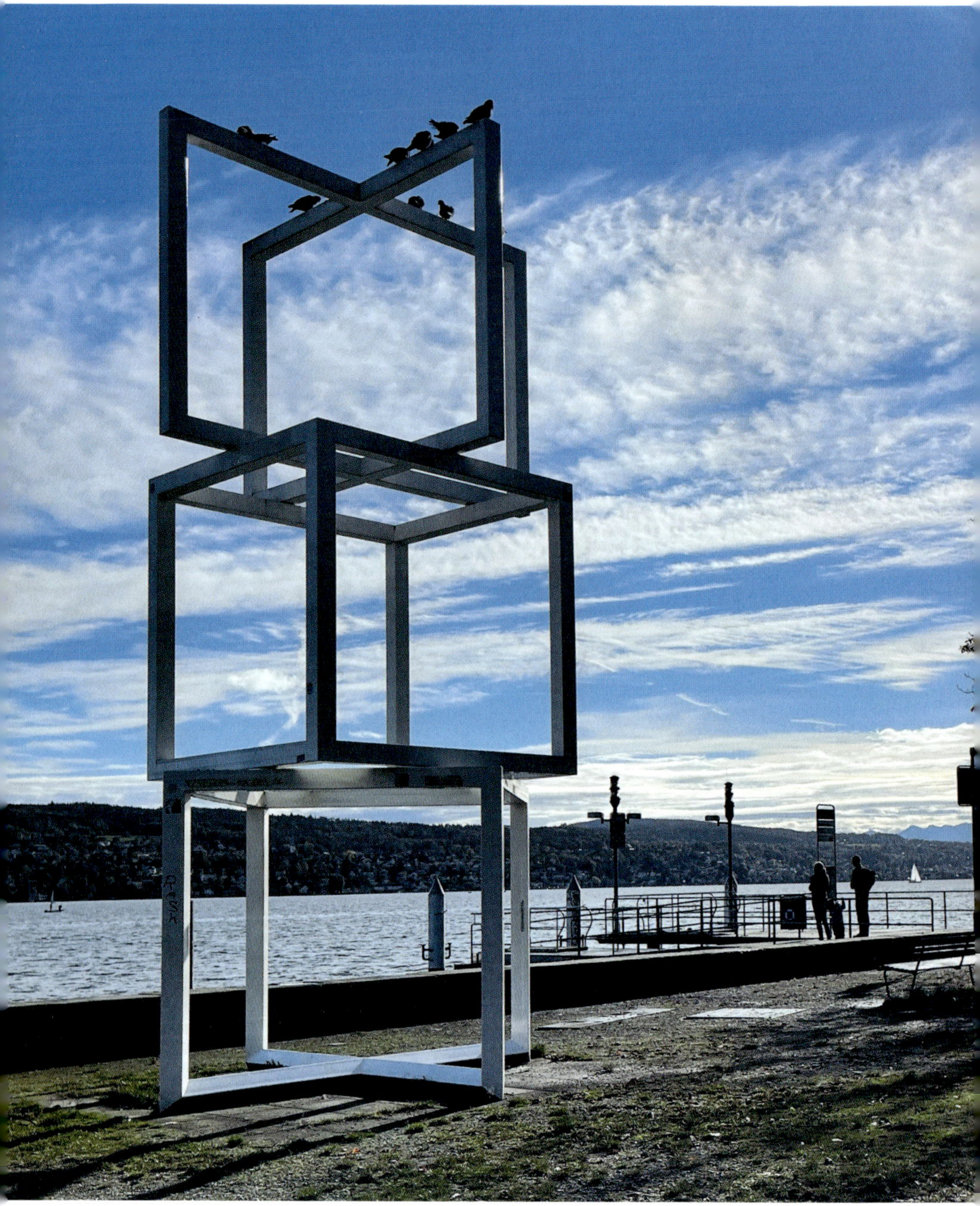

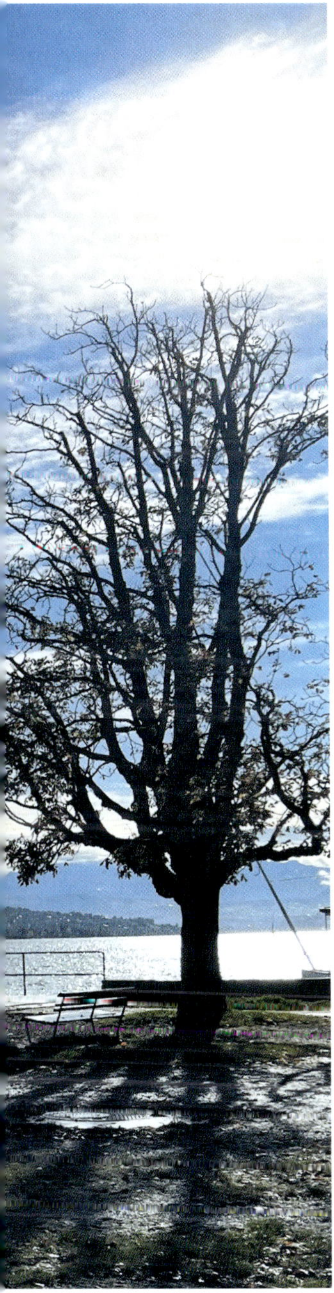

22 AXIOMAT

Am Schiffssteg Zürich-Wollishofen ragt eine filigrane Stahlplastik in den Himmel. Drei schwerelose, nur aus Stahlkanten bestehende Würfel, die versetzt aufeinander stehen und den Blick anziehen, aber nicht aufhalten, Durchsichten eröffnen. Wie die White Cubes des amerikanischen Künstlers Sol LeWitt, der in den 60er-Jahren (also zeitgleich) mit offenen Würfeln und modularen Strukturen experimentierte. Axiomat, der Name des Kunstwerks am Zürisee, verweist auf die Grundlagen der Mathematik: das Axiom als absolute, unumstößliche Wahrheit, Ausgangspunkt aller Gedankenspiele und Berechnungen. Mathematische Logik und durchdachte Geometrie bestimmen auch das Werk von Florin Granwehr (1943 – 2019). Bei genauerem Betrachten bemerkt man Unterschiede zwischen den drei übereinandergestapelten Kuben: Während der mittlere die klassische Outline eines Würfels mit zwölf Kanten zeigt, entstehen der obere und untere durch zwei Rechtecke mit acht Kanten. Das Auge ergänzt den Rest. Mit jedem Wechsel der Perspektive rahmen die Stahlfenster Landschaft und Himmel in neuen Ausschnitten.

Axiomat,
Florin Granwehr,
1989 – 1990

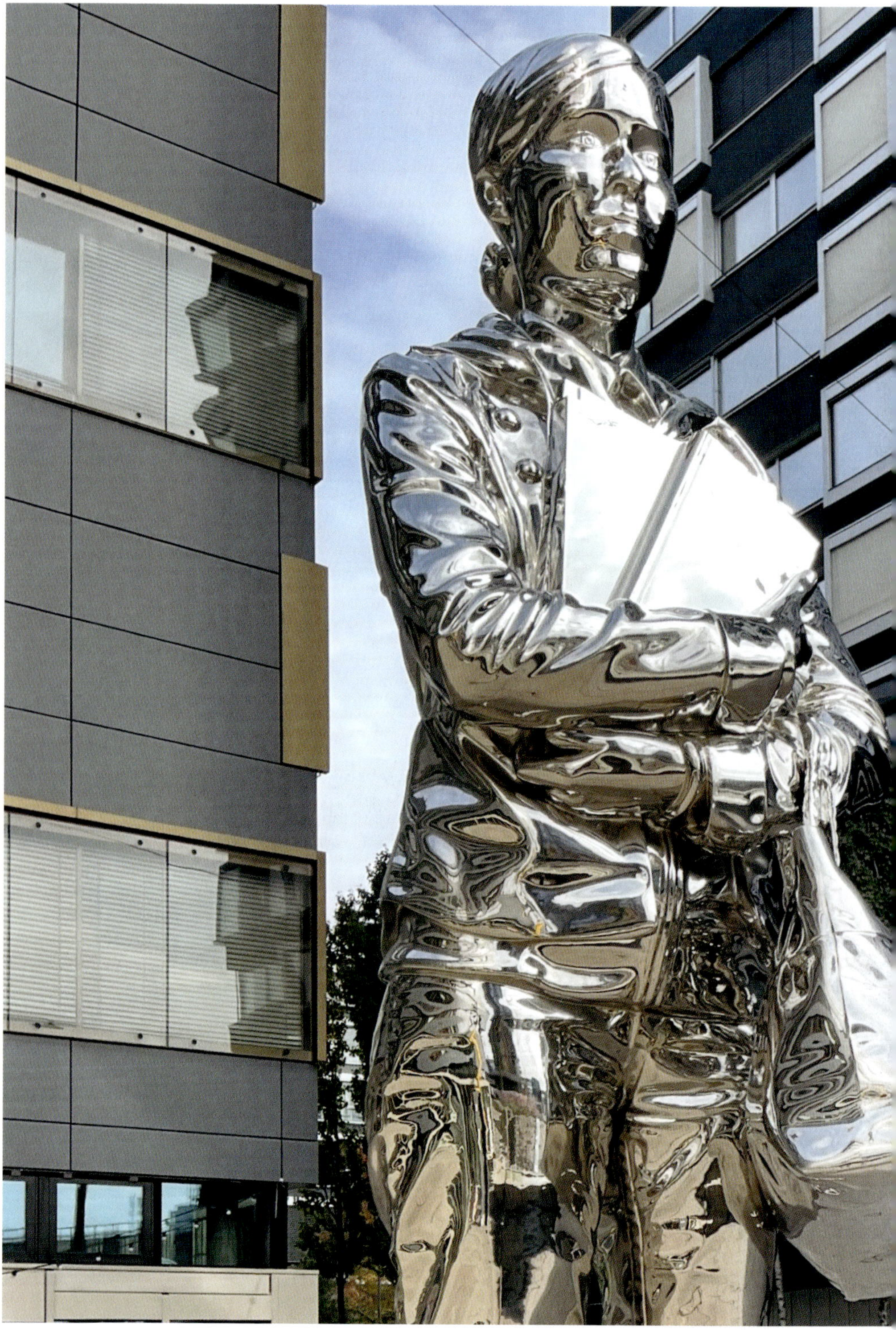

Zürich West

Stadtspaziergang Fünf

Dauer:
3 bis 4 Stunden

Verbindung:
S-Bahnhof Zürich Selnau

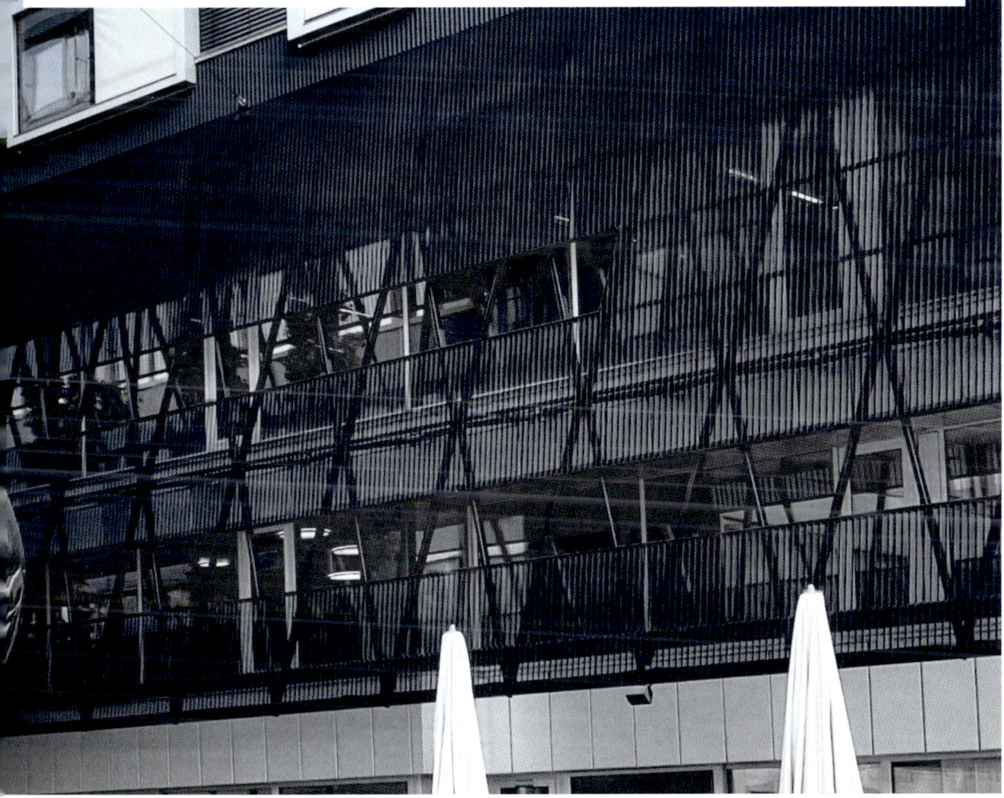

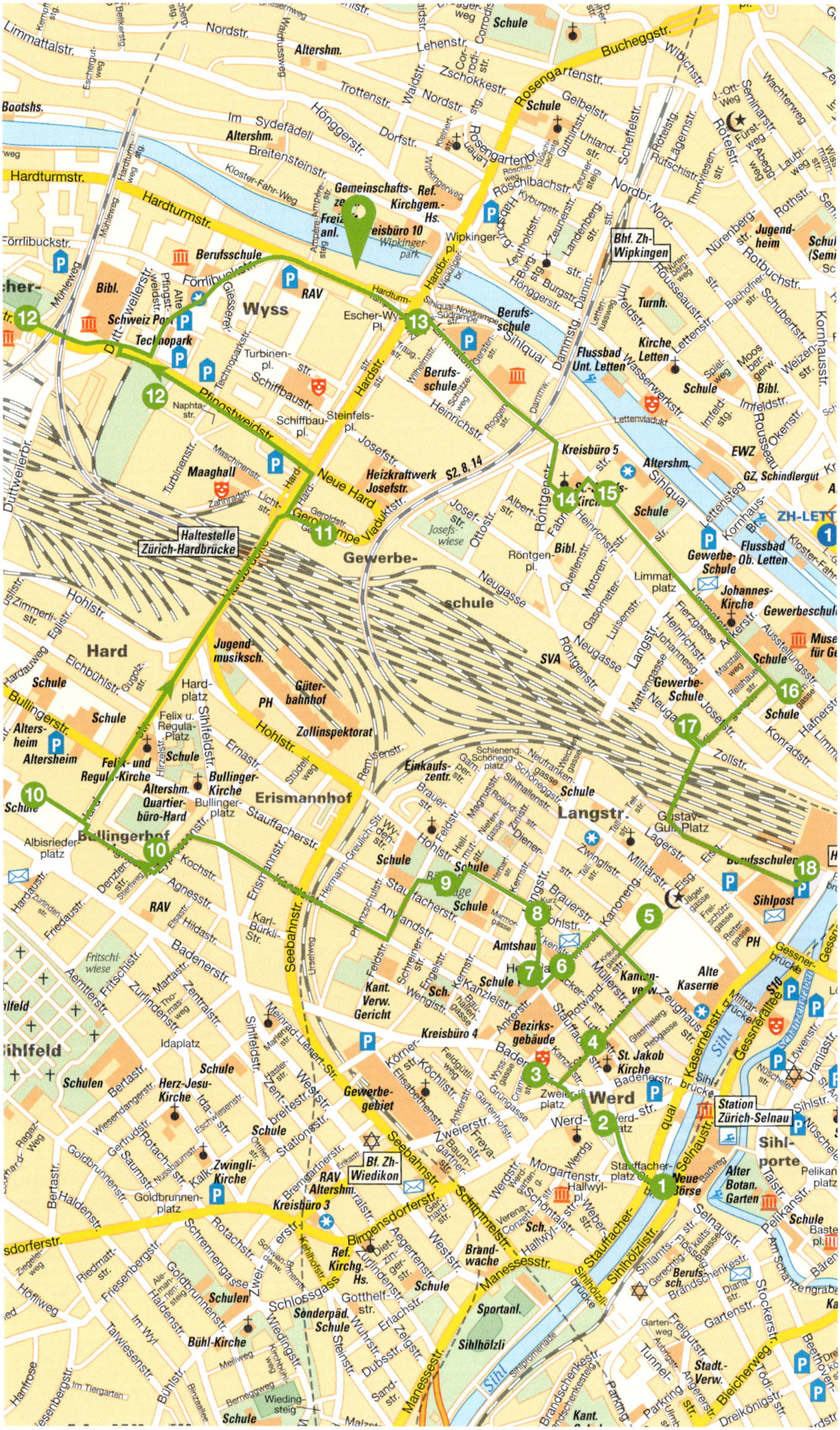

05 ZÜRICH WEST

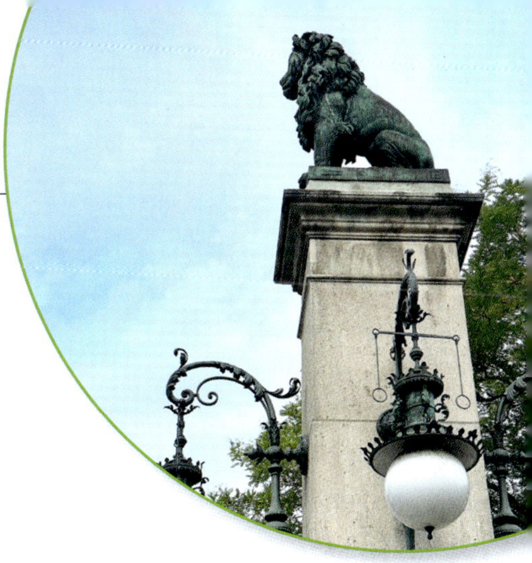

Fabrikcharme und hippe Szene. Im Industriequartier ticken die Uhren schneller und die Kunst wächst in den Himmel. Wie die Alu-Dame Anne-Sophie und ein Hochhaus aus Containern.

Löwen auf Pfeilern, Urs Eggenschwyler, um 1900

Wer das bürgerlich-brave Zürich von einer anderen Seite erleben will, muss See und Altstadt den Rücken kehren und nach Zürich West aufbrechen, wo in ehemaligen Fabrikhallen und auf industriellen Brachflächen moderne Wohnungen, Boutiquen, Clubs, Galerien und Museen entstanden sind, wie im Löwenbräu-Areal und unter den 36 Bögen des Bahn-Viadukts. Hier liegen schick und schräg nebeneinander oder sind – wie beim Freitag Tower – sogar ein und dasselbe. Klar, dass die Straßen hier breiter und die Wege länger werden.

Für Fahrradfahrer stehen fast 2.000 ZüriVelos an 150 Stationen bereit. Eine liegt neben der Stauffacherbrücke.

1 LÖWEN AUF PFEILERN

Vier Pfeiler flankieren die Stauffacherbrücke und auf allen vier Pfeilern sitzen Bronzelöwen. Man mag an den Markuslöwen denken und liegt nicht falsch, denn schon im 17. Jahrhundert herrschte reger Austausch zwischen Zürich und Venedig. Die Schweizer

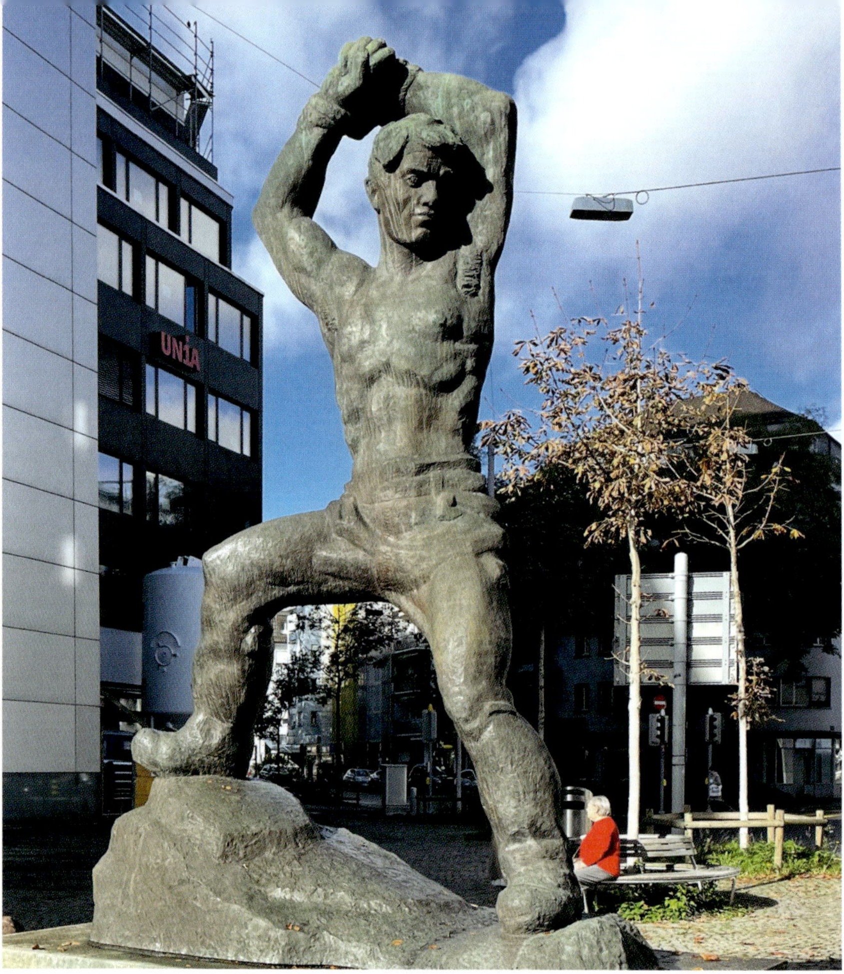

Befreiung,
Werner Friedrich Kunz,
1955, 1962 aufgestellt

exportierten Textilien und Soldaten, die den Venezianern die Handelsrouten sicherten. Im Zuge der gegenseitigen Besuche brachte ein italienischer Gesandter ein Trinkgefäß in Form eines silbernen Löwen als Gastgeschenk mit, zur Ergänzung des Zürcher Tafelsilbers (im Nationalmuseum zu bewundern). Vielleicht ist er der ideelle „Stammvater" des Zürcher Wappentiers.

2 BEFREIUNG

Über die Stauffacherstrasse erreichen wir den Werdplatz und an der Strassburgstrasse 5 ein ausdrucksstarkes Arbeiter-Denkmal. Mit einer triumphierenden Geste reckt ein muskulöser Mann die gefesselten Fäuste über den Kopf, demonstriert seinen Freiheitswillen, Stärke und Selbstbewusstsein. Die Gewerkschaften drängten auf die Aufstellung der Skulptur als kämpferisches Gegenstück zu dem von der Stadt in Auftrag gegebenen und ihrer Ansicht nach viel zu braven „Denkmal der Arbeit“ (siehe Kunstpunkt 6).

Man sieht der Statue nicht an, dass sie ursprünglich in anderem Kontext entstand. Werner Kunz schuf „Befreiung“ als Symbol für den sog. Stäfner-Handel, die gewaltlose Auflehnung des Landadels gegen die Vorrechte des städtischen Bürgertums, die 1794/95 von der Zürcher Gemeinde Stäfa am rechten Seeufer – heute „Goldküste“ genannt – ausging. Als Vorkämpfer für die gute Sache passt der rebellische Held schließlich zu beiden: dem Kampf der Landleute und dem der Arbeiter.

3 FRAU 1928

In der Grünanlage an der Badener Strasse 65 zieht eine Bronzefigur die Blicke auf sich. Eine nackte Frau, aufrecht stehend, die Hände auf den Hüften. Sie präsentiert sich nicht, steht einfach da und mustert uns mit aufmerksamen Augen. „Frau 1928“ stellte Alis Guggenheim (1896 – 1958) auf der Schweizerischen Ausstellung für Frauenarbeit (SAFFA) 1928 aus. Mit 23 Jahren folgte die gelernte Modistin ihrem russischen Geliebten nach Moskau, lernte Russisch und trat in die Kommunistische Partei ein, doch schon ein Jahr später kehrte sie mit der gemeinsamen Tochter allein in die Schweiz zurück, wo sie einen Modesalon führte und bildhauerisch zu arbeiten begann. Die jüdische Künstlerin fühlte sich ihr ganzes Leben lang in vielfacher Hinsicht stigmatisiert und eingeengt: „Für die Schweizer bin ich nur eine Jüdin. Für die Juden bin ich nur eine Kommunistin. Für die Kommunisten bin ich nur eine Künstlerin. Für die Künstler bin ich nur eine Frau. Für die Frauen bin ich nur ein Fräulein mit einem Kind.“

Frau 1928, Alis Guggenheim, 1928, 1999 aufgestellt

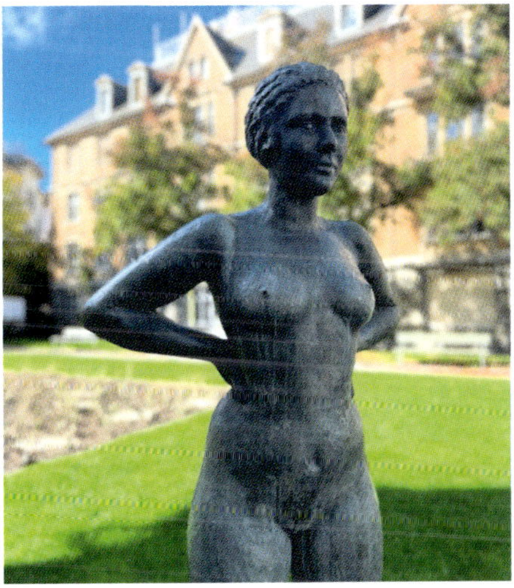

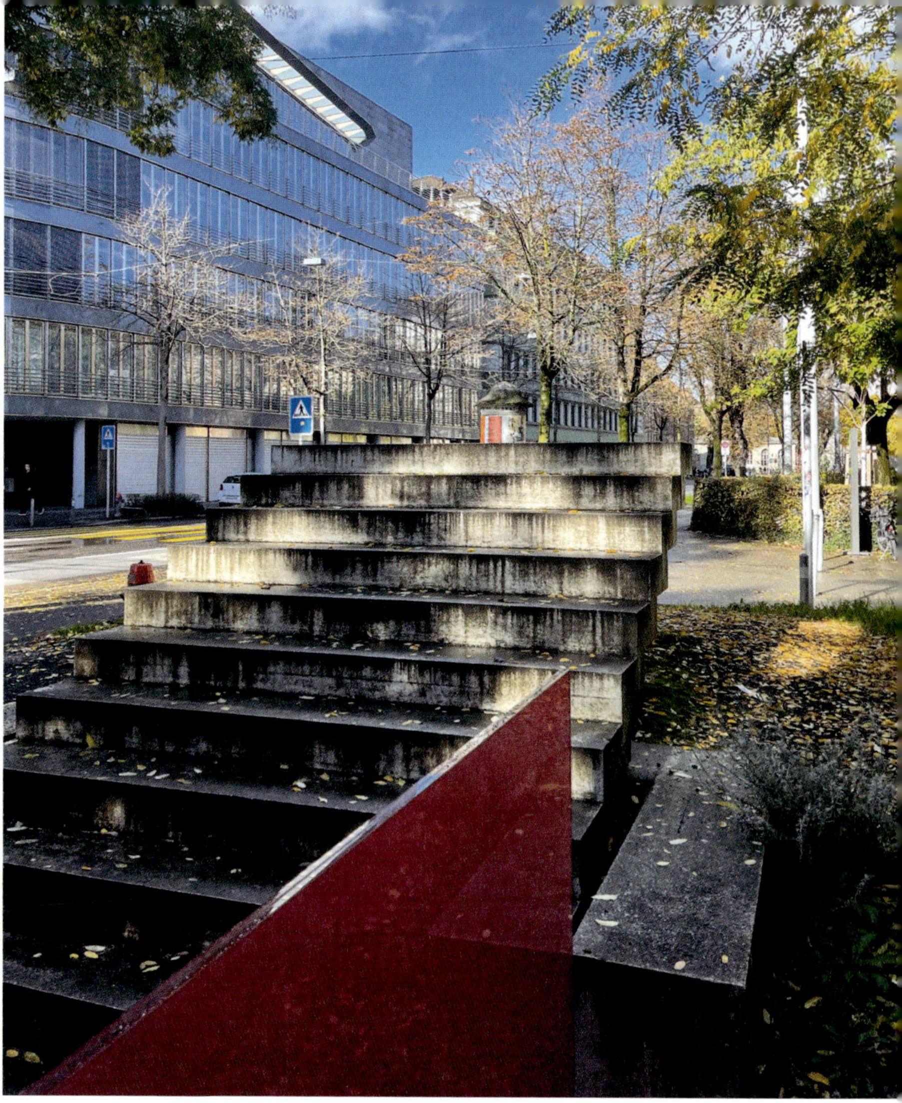

Skulpturengarten Citykirche Offener St. Jakob,

4 SKULPTURENGARTEN AN DER CITYKIRCHE OFFENER ST. JAKOB

Vom Werdplatz für die Badener Strasse zur Stauffacher Strasse und der Citykirche Offener St. Jakob. An der Rückfront neben der Lutherwiese erstreckt sich ein kleiner Skulpturengarten. Hier führt die „Himmelstreppe“ von Corina Rüegg schwebend nach oben und „fest gemauert in der Erde“ zu einem unterirdischen Andachtsraum.

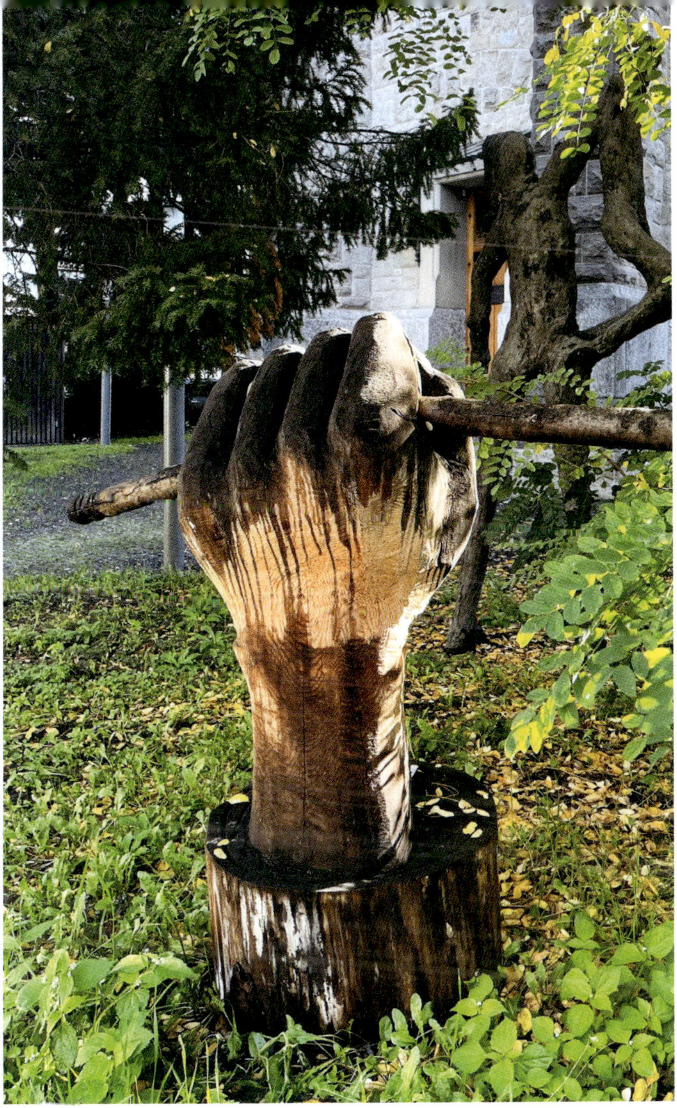

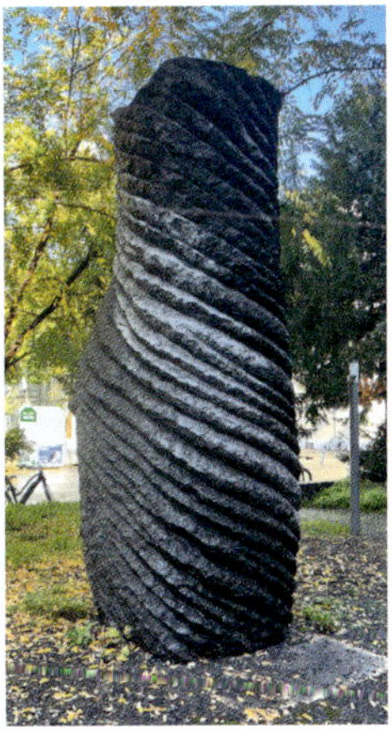

Dahinter ein großer, schwarzer Stein: Paul Siebers „Lebenselixier". Seine spiralförmige Kerbung erinnert an von Wind und Wasser geformte Steinlamellen. Im Hintergrund spielen, turnen, tanzen zwei miteinander verbundene Figuren. „Häutungen" hat Martin Disler die Werkgruppe genannt, aus der die rätselhafte Bronze stammt. Die Holzfaust mit Bleistift ist ein Geschenk der Autonomen Schule Zürich.

„Wonder" und „Genesis" hießen die spektakulären Sound & Light Shows, die das Kuppeldach der Citykirche in den vergangenen Jahren mittels Laserprojektionen in magische Bilder tauchten. Bleibt zu hoffen, dass sich bald wieder die Chance auf dieses meditative Erlebnis bietet. Mehr im Web.

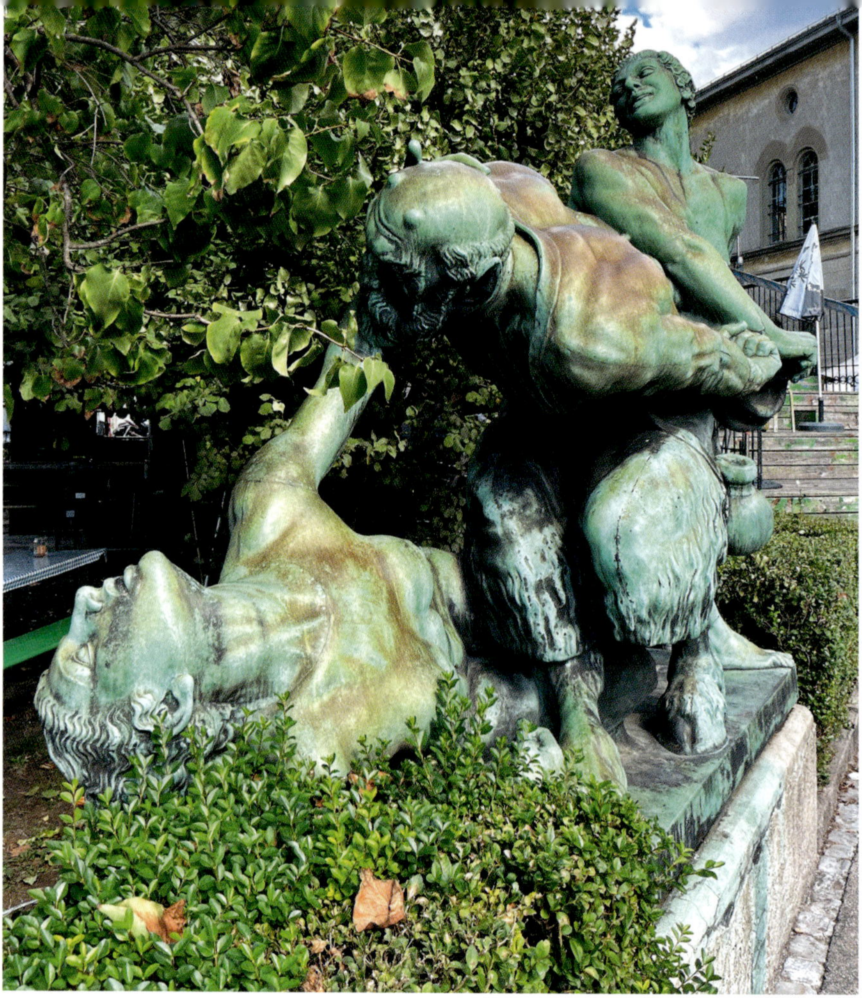

Kämpfe, Herrmann Feuerhahn, 1929

5 KÄMPFE

Jetzt lohnt sich ein Abstecher zum Zeughaushof. Hinter der Lutherwiese geht es rechts in die Rotwandstrasse bis zum Kasernenareal, dann links in die Zeughausstrasse, wo nach wenigen Metern auf der rechten Seite ein Tor in den begrünten Innenhof des Zeughauses führt. Hinter großen Büschen versteckt sich das alternative Café „Summergarte" (hochdeutsch: Sommergarten, weil nur im Sommerhalbjahr geöffnet). Den breiten Sandweg davor flankieren zwei expressive Figurengruppen. Es sind dramatische Momentaufnahmen. Auf der einen Seite ringen zwei Frauen einen alten, bockbeinigen Faun zu Boden, während auf der anderen ein mus-

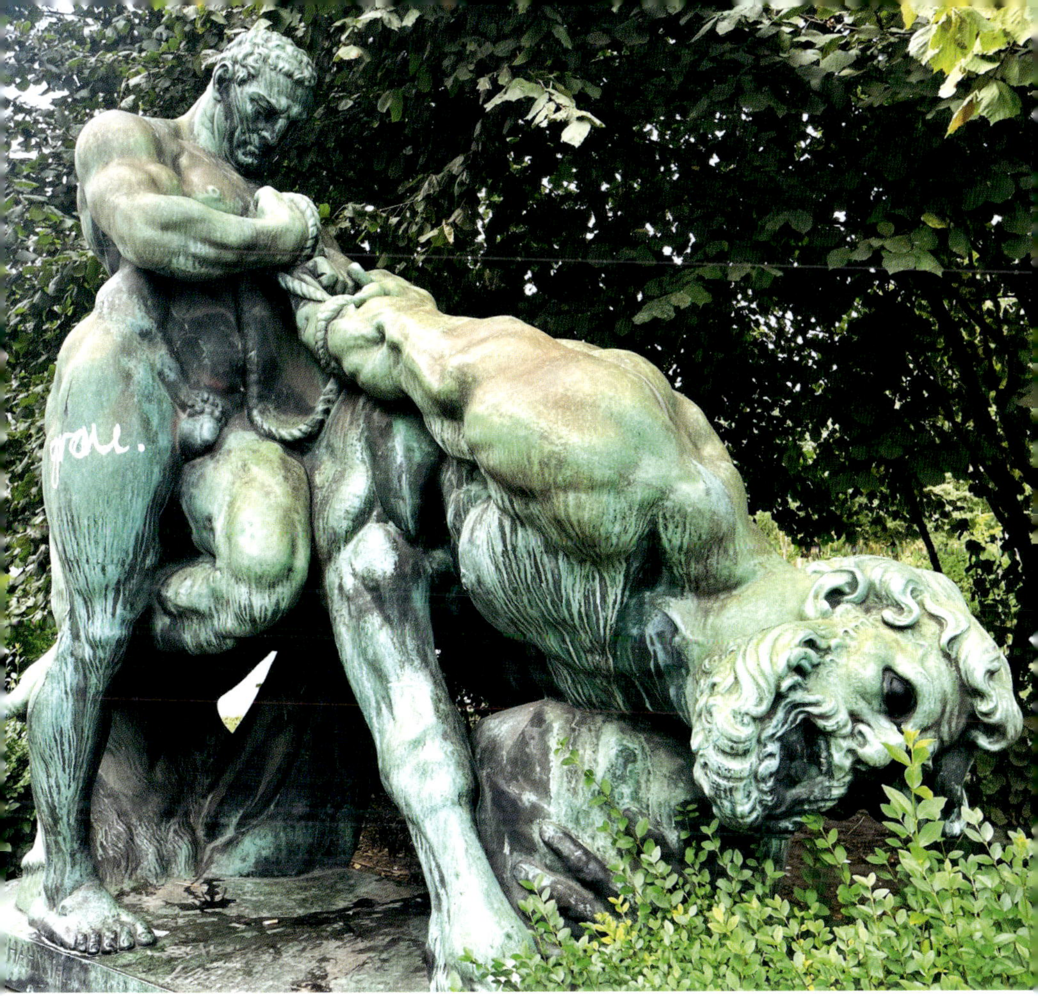

kulöser Mann einen Zentaur (halb Mensch, halb Pferd) überwältigt. Die Menschen dominieren über die Mischwesen, so viel ist sicher. Doch scheint der Kampf der Frauen halb Verführung, halb Überwältigung des Tier-Mannes. Sind es berauschte Bacchantinnen, die einen lüsternen Satyr zu Fall bringen?

Auf dem stillen, halb verwilderten Areal des einstigen Militärhofes wirken die leidenschaftlichen Figuren wie Fremdkörper. Nicht von ungefähr: Sie waren ursprünglich für das Dach eines kantonalen Verwaltungsgebäudes bestimmt. Als Sinnbilder von Zucht und Ordnung scheinen sie so aus der Nähe betrachtet eher ungewöhnlich.

Ganzjährig großartig und gleich um die Ecke: Ristaurante Italia", Zeughausstrasse 61. Lässiger Schick, Gartenterrasse und sehr gute Küche.

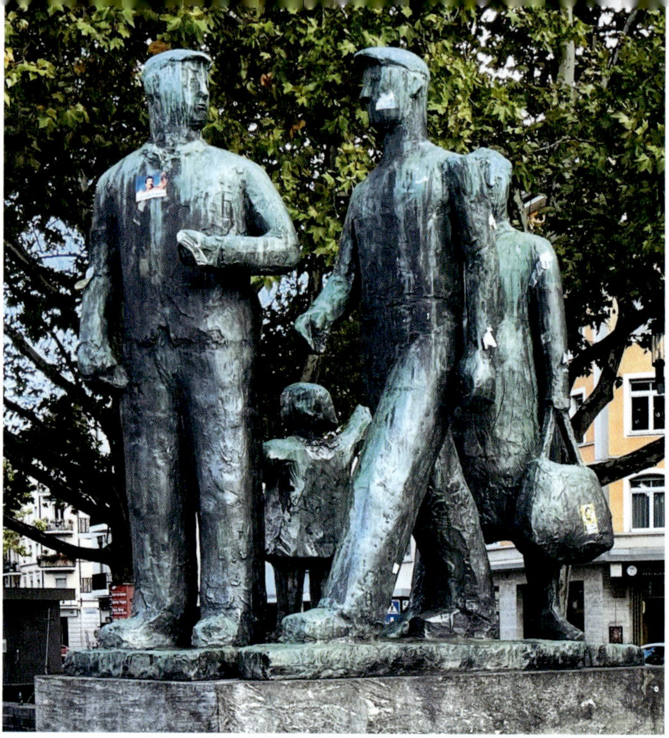

Denkmal der Arbeit, Karl Geiser, 1952 – 1957, 1964 aufgestellt

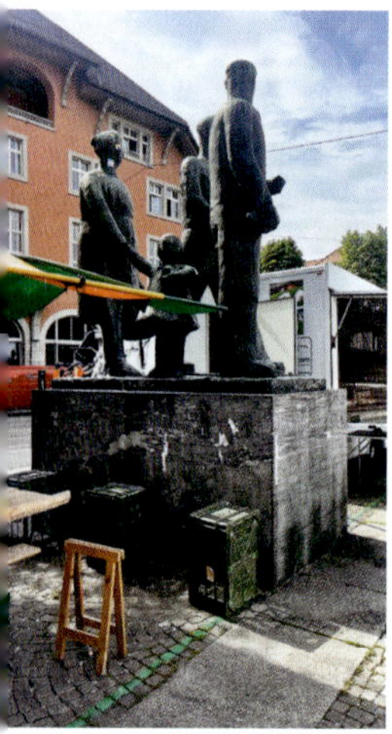

6 DENKMAL DER ARBEIT

Über Zeughaus- und Ankerstrasse gelangen wir zum Helvetiaplatz. Freitags ist Wochenmarkt und die kleine Menschengruppe auf ihrem Sockel verschwindet zwischen den Ständen: zwei Männer, eine Frau mit großer Tasche und ein Kind. Menschen wie du und ich. Eine Familie beim Einkaufen. Kein Anhaltspunkt weist auf Beruf, Herkunft, Bestimmung hin. Dabei war die Ausschreibung klar umrissen, die Karl Geiser 1952 für sich entschied. Ein „Denkmal der Arbeit“ sollte den Platz vor dem Volkshaus schmücken, seit der Jahrhundertwende ein Zentrum der Arbeiterbewegung in der Schweiz. Das Ergebnis missfiel den streitbaren Gewerkschaften; die zufriedene Ausstrahlung der kleinen Gruppe widersprach ihrer Vorstellung vom unterdrückten, für seine Rechte streitenden Arbeiter. Auch Karl Geiser selbst haderte mit den Entwürfen; die Fertigstellung verzögerte sich. Einige Jahre später nahm sich der Bildhauer von Selbstzweifeln geplagt das Leben. Erst sieben Jahre nach seinem Tod wurde die Bronze-Gruppe in Bronze gegossen und aufgestellt.

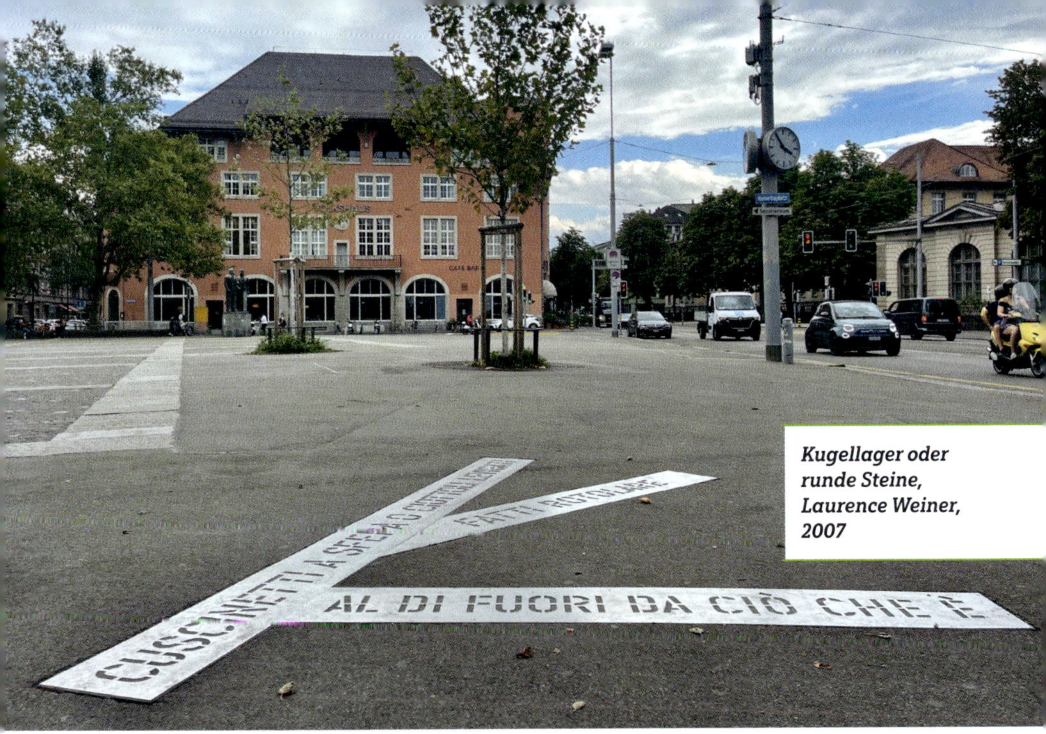

Kugellager oder runde Steine, Laurence Weiner, 2007

7 KUGELLAGER ODER RUNDE STEINE

Vor dem Restaurant „Bank“ am anderen Ende des Helvetiaplatzes steckt ein Kunstwerk im Boden: drei metallene Schriftbänder von Laurence Weiner. Der US-amerikanische Konzeptkünstler arbeitet bevorzugt mit Worten und kurzen Sätzen, die er auf Hausmauern, Gullydeckeln oder Asphaltflächen platziert. Kunst, auf die man tritt und vielleicht gerade dadurch bemerkt. Man beginnt zu lesen und gerät ins Grübeln, hier gleich doppelt, denn die Stahlbänder sind italienisch beschriftet. Die deutsche Übersetzung steckt einen Kilometer weiter im Boden des Limmatplatzes an der Haltestelle der Tram, eine englische Version am Bellevueplatz neben dem Pavillon. Drei Sprachvarianten mit gleichem Inhalt: „Kugellager oder runde Steine zum Rollen gebracht. Außerhalb was ist.“ Spielt das Kugellager auf die Tram an, die an allen drei Plätzen vorüberrollt? Oder sind wir selbst die Kugeln bzw. Kieselsteine, die sich in festen Bahnen glauben, bis sie aus der Spur springen? Die Deutungsfreiheit ist Teil der Kunst. Laurence Weiner will nicht belehren, er will uns zum Nachdenken bringen.

Im 1910 erbauten Volkshaus gibt es vier Konzert- & Theatersäle, Schwimmbad, Buchhandlung und Restaurant.

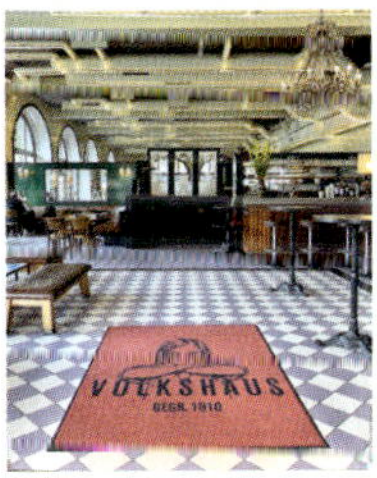

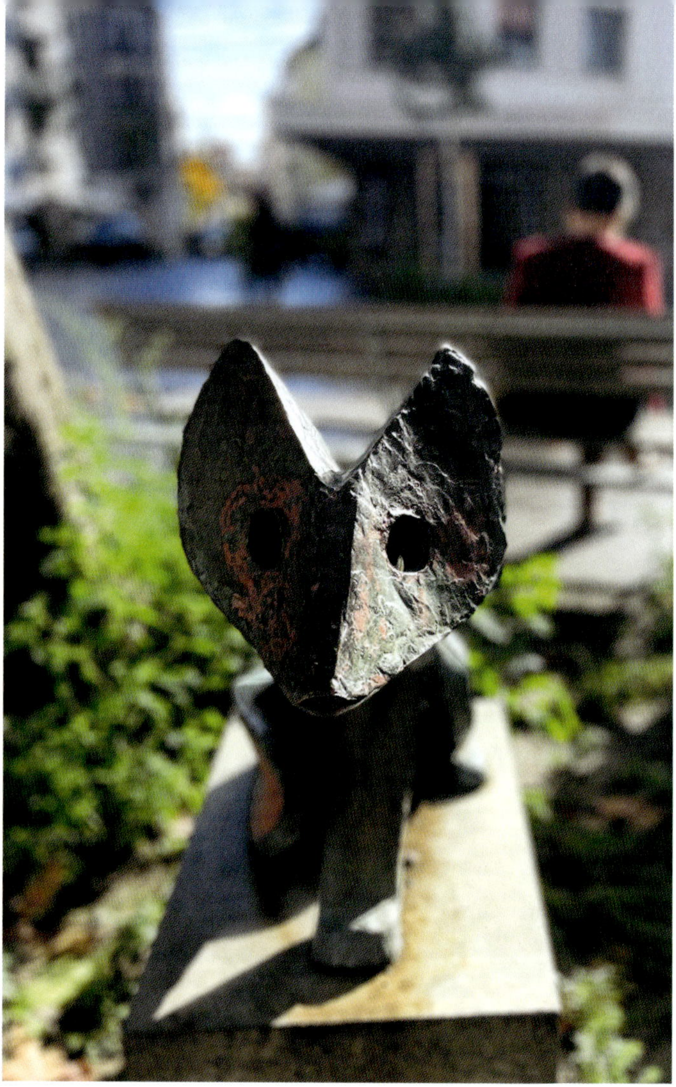

Fuchs,
Uli Schopp,
1975

8 FUCHS

Über die Molkenstrasse erreichen wir die Hohlstrasse und nahe der Einbiegung – etwas versteckt vor der Hausnummer 35 – einen kleinen Bronzefuchs. Der treuherzige Blick aus dem dreieckigen Kopf berührt wie ein schnupperndes Tierjunges, das sich der ausgestreckten Hand zutraulich nähert. Körper und Kopf reduziert auf das Wesentliche. Eine bestechende Klarheit, die alle Tierfiguren von Uli Schopp auszeichnet.

9 ZEBRAGRUPPE

Wir folgen der Hohlstrasse, überqueren Lang- und Kernstrasse und stehen nach wenigen Minuten vor einem kleinen Park – der Bäckeranlage. Hier springen drei ungestüme Zebras, die man ausnahmsweise nicht am gestreiften Fell, aber an der stehenden, bürstenähnlichen Mähne erkennt. Es ist kein Zufall, dass der Winterthurer Künstler (1893 – 1970) keine heimischen Tiere schuf, denn er lebte zehn Jahre in Südostasien, reiste durch Sumatra, Singapur und Siam (heute Thailand), wo er Hofbildhauer des Kaisers wurde und neben exotischen Tieren die Königsfamilie porträtierte. Zurück in Zürich übernahm er das Atelier seines Lehrmeisters Richard Kissling und engagierte sich als Vorstandmitglied im zoologischen Garten. Am Brunnen vor dem Haupteingang empfängt sein Sumatra-Tiger die Besucher.

Zebragruppe, Michael Rudolf Wening, 1940

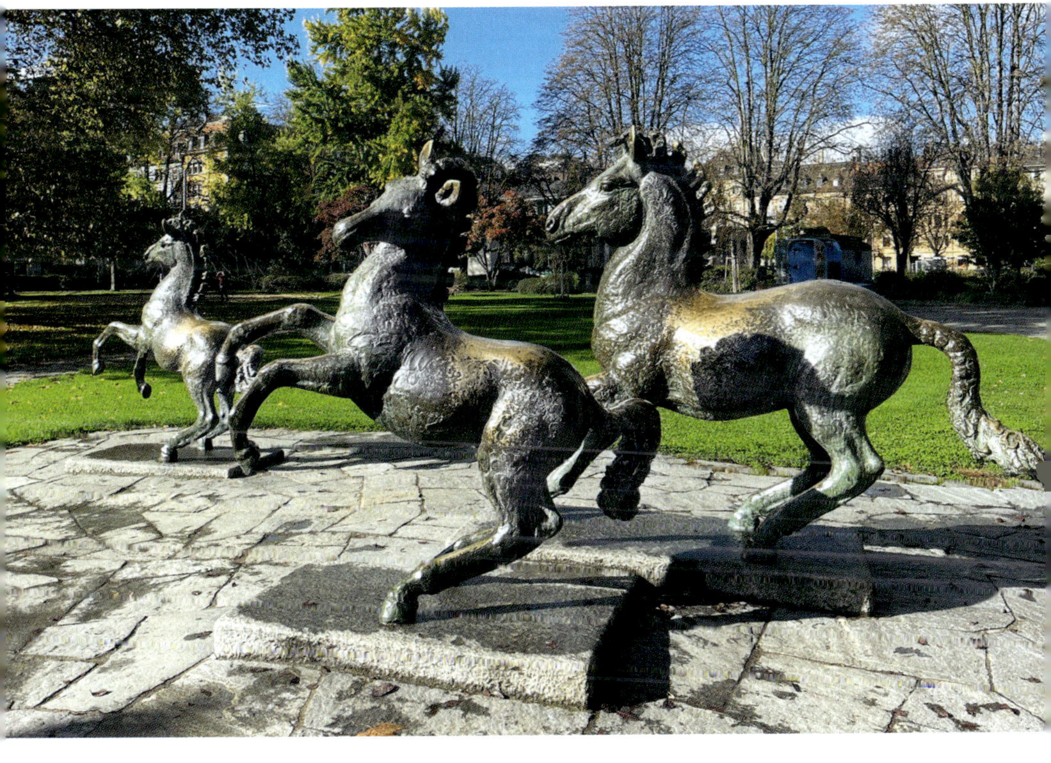

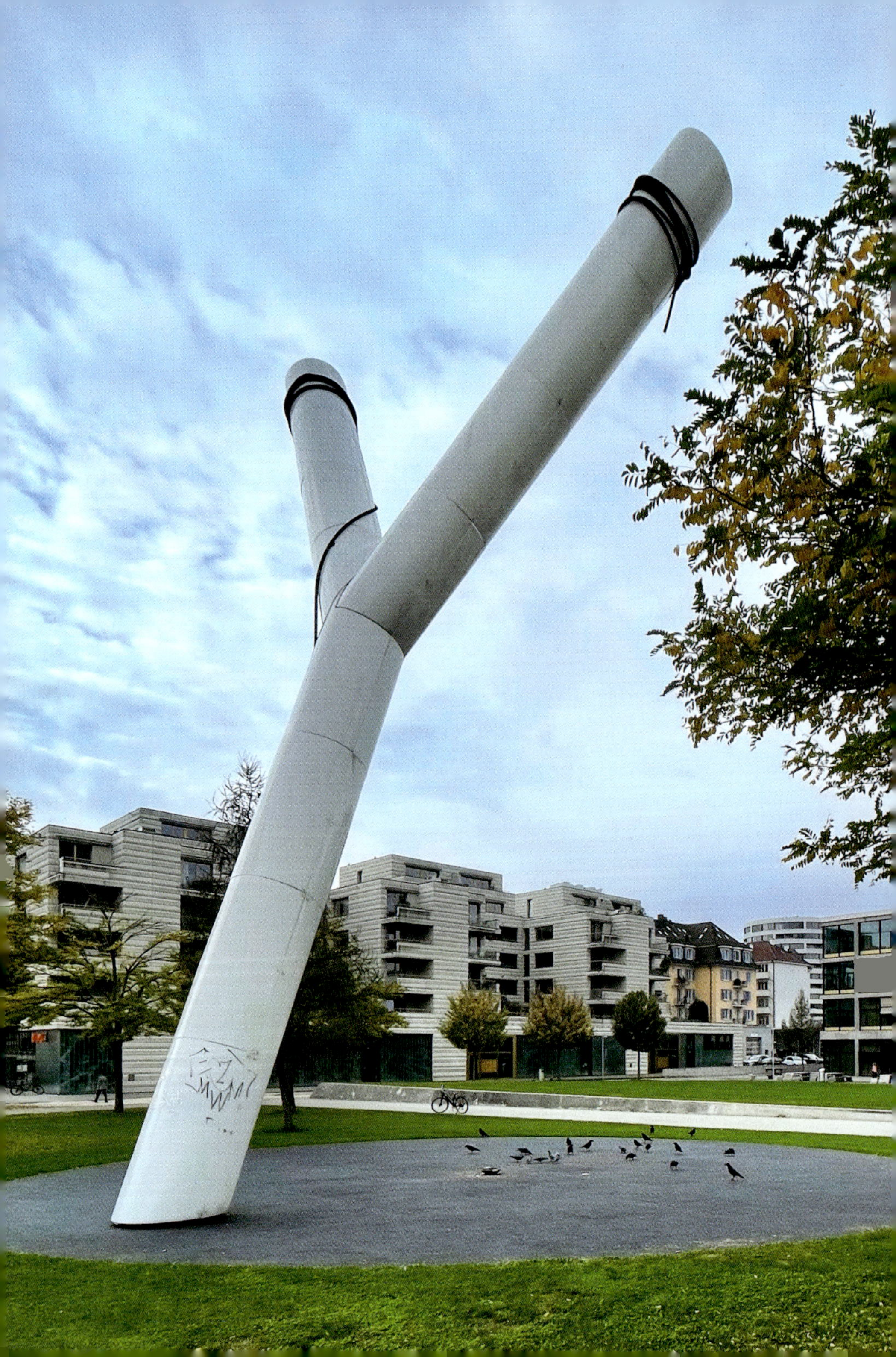

10 „Y"

„Y",
Sislej Xhafa,
2011

Schnurgerade führt die breite Hohlstrasse von der Bäckeranlage zum Hardplatz (ca. 800 m) und die Hardbrücke (rechts) zum Industriequartier. Wer Fahrrad fährt, mag einen Umweg über den Hardaupark machen, wo Sislej Xhafa seine fragende Riesenschaukel errichtete. In fünf Minuten geht es von den Zebras im Zickzack via Stauffacherstrasse, Erismann- (links), Kanzlei- (rechts), Zypressen- (links) und Agnesstrasse (rechts) zu der weiten Platzanlage im Zentrum eines Wohnquartiers mit hohem Migrationsanteil. Unübersehbar ragt ein monumentales, 15 Meter hohes „Y" in den Himmel, das man leicht als Tragbalken identifiziert, auch wenn die Schaukelschnüre um die weißen Stahlbalken geschlungen sind, denn geschaukelt wird hier schon lange nicht mehr. Dem (teils zerstörerischen) Ansturm der Quartiersjugend war der gewaltige Buchstabe nicht lange gewachsen. Die Bewegung erstarb, doch die Frage blieb: „Why" fragt das Ypsilon in englischer Aussprache. Warum gibt es Auseinandersetzungen, Gegen- statt Miteinander? Die Themen Migration und Integration beschäftigen den kosovo-albanischen Künstler in vielen seiner Skulpturen und Installationen. Man kann das riesige Ypsilon auch als Steinschleuder interpretieren. Ein Symbol der Stärke, auch wenn das farbige Licht im Innern der Schaukel bereits seit Jahren erloschen ist.

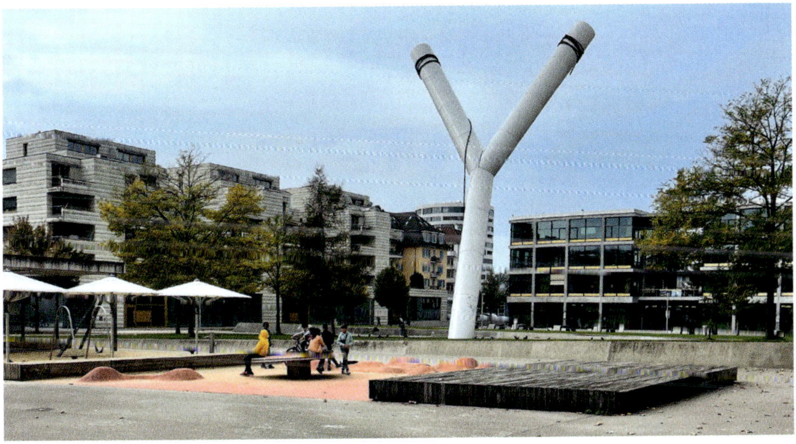

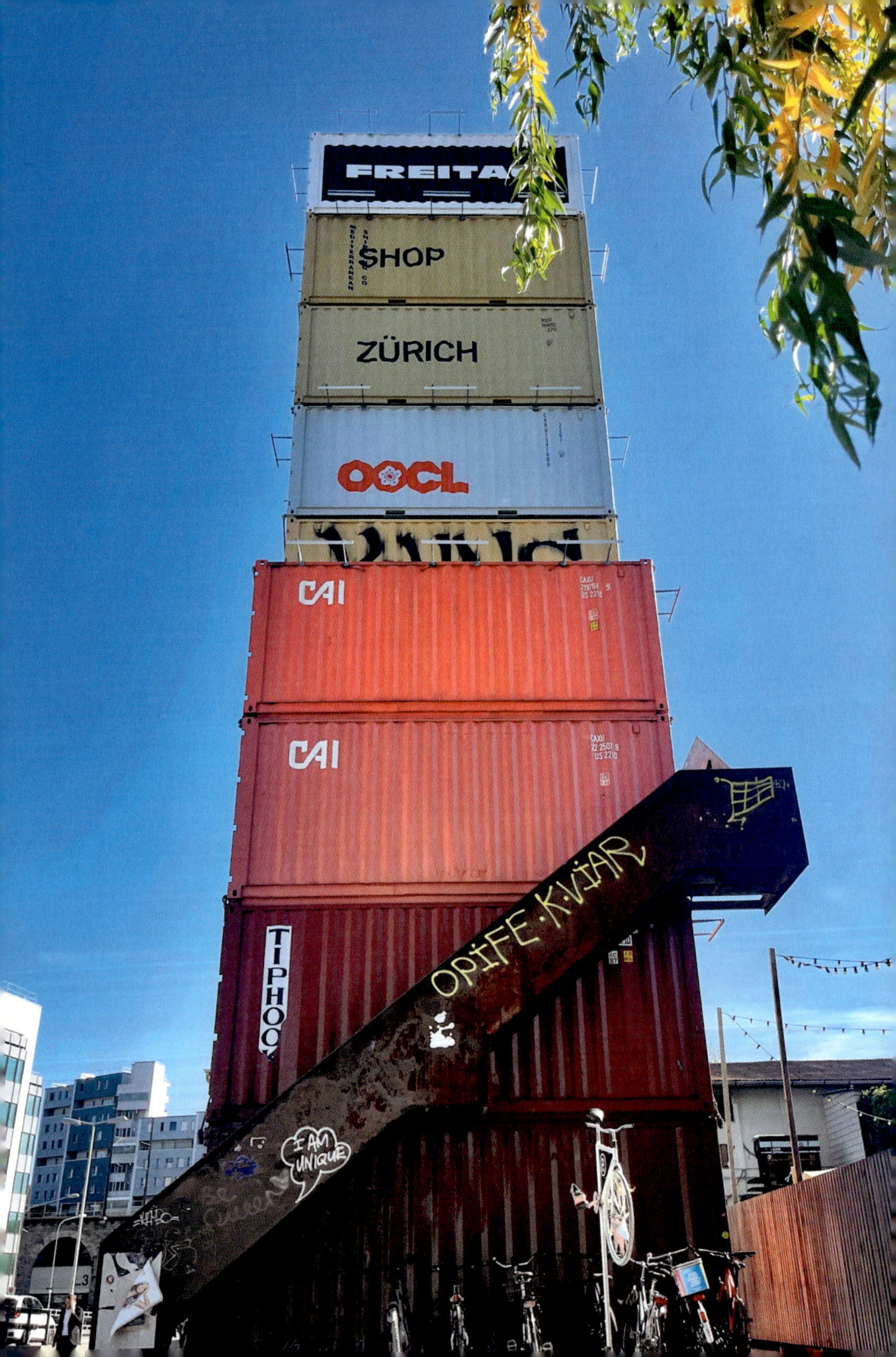
SHOP
ZÜRICH
OOCL
CAI
CAI
I AM UNIQUE

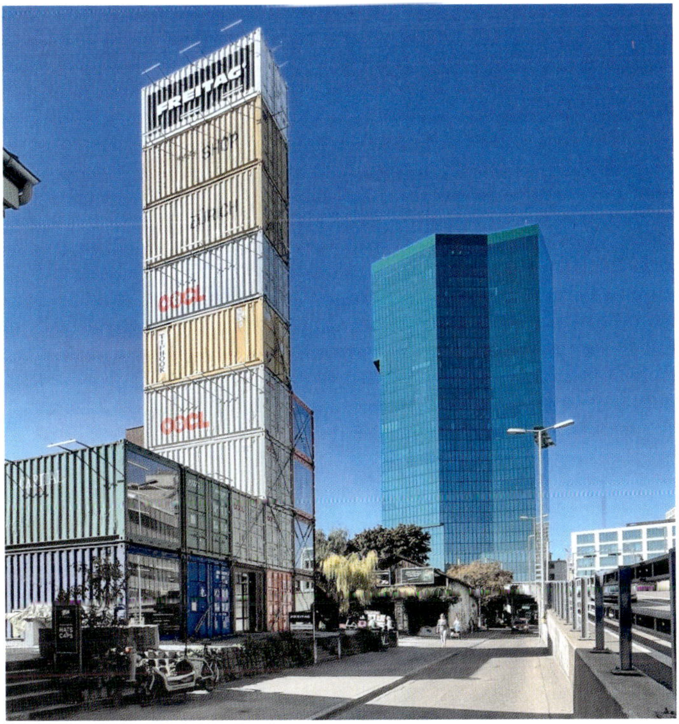

Freitag Tower, Architekt: Spillmann Echsle, 2006

11 FREITAG TOWER

Schon auf der Hardbrücke sieht man den Freitag Tower, dieses alternative Container-Hochhaus, das im Mai 2006 als Provisorium eröffnet wurde und inzwischen zu den etablierten und meistfotografierten Gebäuden der Stadt gehört. „Kunst im Bau“ könnte man sagen, so ungewöhnlich, innovativ und kreativ ist das Gesamtwerk: 17 ausgemusterte Übersee-Container, davon neun zum Turm übereinandergestapelt – Verkaufsfläche, Treppenhaus und Aussichtsplattform. Ein Recycling-Gebäude passend zum Recycling-Produkt: den aus alten LKW-Planen gefertigten Taschen der Brüder Freitag. Die Zürcher Architekten Spillmann Echsle haben den signalstarken und durchdachten Flagship-Store entworfen. Dass der Turm aus neun und nicht acht oder zehn Containern besteht, liegt an der Hochhausgrenze von 25 Metern. Die wollte man nicht überschreiten. Bauantrag & Genehmigung hätten die Fertigstellung verzögert.

Am Fuß des Freitag Towers liegt Frau Gerolds Garten, ein „modularer Stadtgarten“ zum Essen & Trinken, Shoppen, Staunen und Chillen.

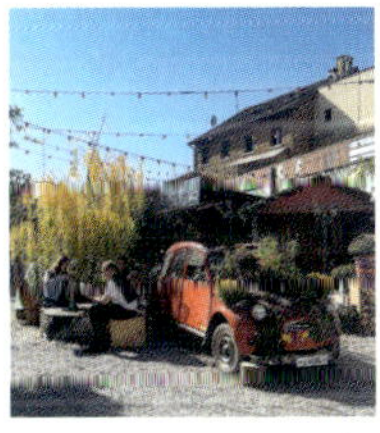

Anne-Sophie, Alex Hanimann, 2014

⑫ ANNE-SOPHIE

Einen Kilometer weiter steht das 25hours Hotel Zürich West an der Pfingstweidstrasse 102. Jedes Mal, wenn die Studentin Annie-Sophie Bereuter hierherkommt, dürften sie seltsame Gefühle beschleichen, denn vor dem achtstöckigen Flachbau steht ihre Doppelgängerin, eine riesige Statue in blitzendem Chrom-Stahl. Alex Hanimann, Künstler und Professor an der benachbarten Zürcher Hochschule der Künste (ZHdK) hat die Musikstudentin an seinem Institut gesucht und gefunden. Mit einem Body-Scanner wurde ein digitales Abbild erstellt, das auf 5,20 Meter vergrößert, aus Styropor geformt und mit Chrom überzogen wurde. Hunderte winziger Metallteile wurden zu einer nahtlosen Haut verschweißt, eine Sisyphus-Arbeit, die in Shanghai ausgeführt wurde, d. h. die Dame ist weitgereist. Man fühlt sich klein neben ihr, doch sie ist eine von uns.

Im Toni-Areal an der Pfingstweidstrasse 96 befindet sich ein Ausstellungshaus des Museums für Gestaltung (siehe Kunstpunkt 16). Beide Museen und zahlreiche andere Zürcher Kulturstätten verbindet die Tramlinie 4, auch „Museumslinie" genannt.

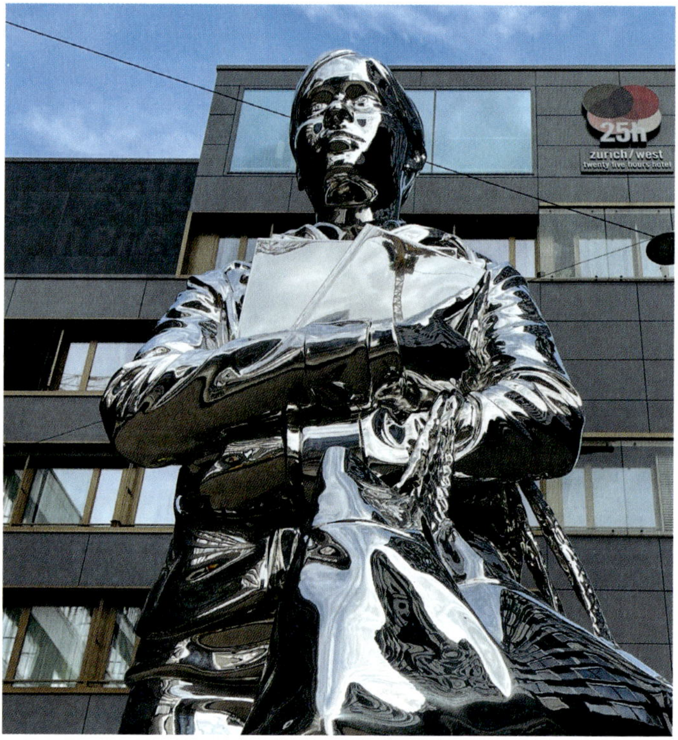

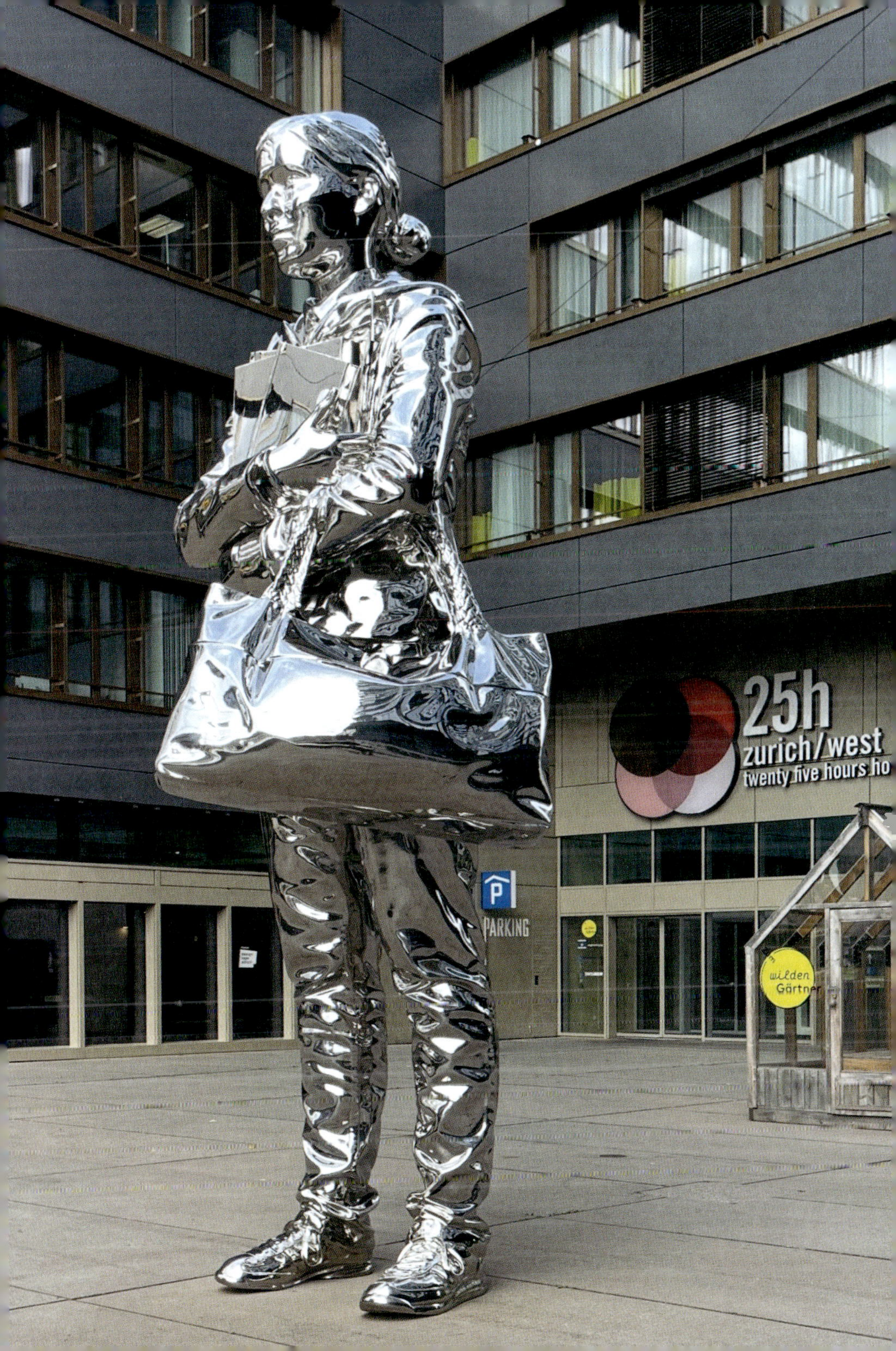
25h
zurich/west
twenty five hours ho
P
PARKING
wilden
Gärtner

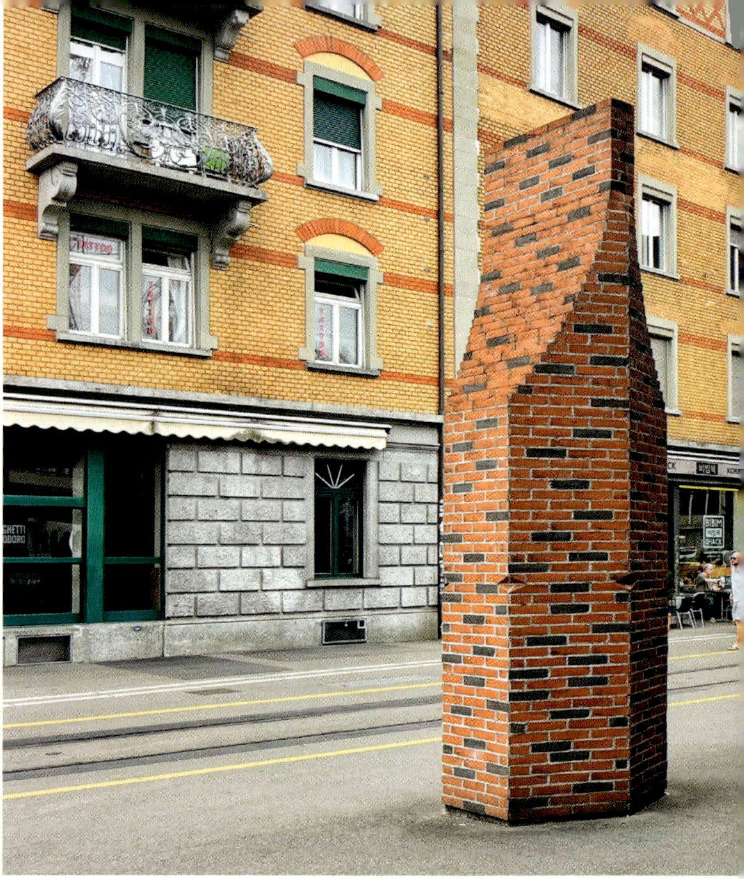

Towers, Los Carpinteros, 2012

Die Baumwollspinnerei Escher Wyss war die erste von zahlreichen Fabriken, die das neue industrielle Viertel begründeten. Vor dem Eingang von MAN Energy Solutions erinnert eine Jonval-Turbine von 1885 an die Anfänge der Schweizer Maschinenbauindustrie und ihren Energiehunger.

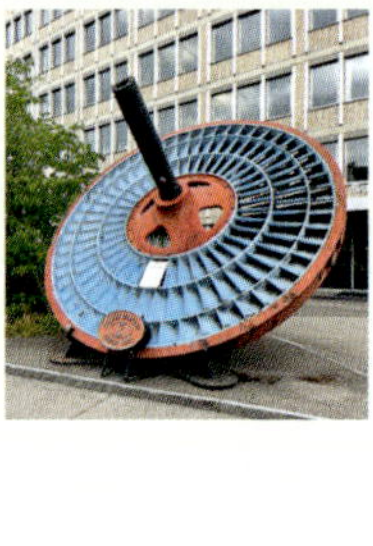

13 TOWERS

Über Pfingstweid- und Hardstrasse – dazwischen Technoparkstrasse und Turbinenplatz – erreicht man den verkehrsreichen Escher-Wyss-Platz und die „Towers" von Los Carpinteros. Von Ferne könnte man die fünf aus Ziegeln gemauerten Skulpturen für unverputzte Brückenpfeiler halten, bis man bemerkt, dass sie nicht unter, sondern neben der Brücke stehen und keine stützende Funktion haben. Die Formen erinnern an die Aufsätze von Akku-Schraubern, wie sie jeder Handwerker besitzt bzw. an die handwerkliche Tradition des Industriequartiers. Sehr passend zum Namen des Künstler-Duos, das bis 2003 ein Trio war: drei kubanische Studenten der Kunstakademie Havanna, die bevorzugt mit Holz arbeiteten, weshalb ihnen die Kommilitonen den Spitznamen „Die Schreiner" verpassten, der später zum Künstlernamen avancierte.

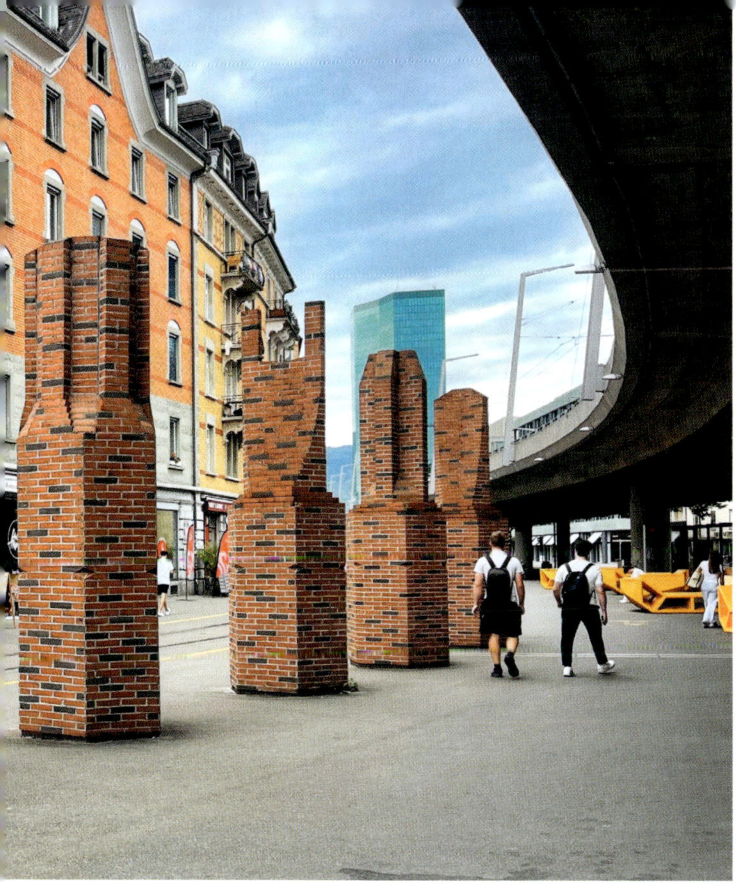

Dass die „Schrauber-Bits“ überhaupt unter der Brücke stehen, ist das Ergebnis einer Volksabstimmung. Ursprünglich sollte hier das „Nagelhaus“ des Künstlers Thomas Demand stehen, der Nachbau eines chinesischen Hauses, das in Chongqing abgerissen wurde – Sinnbild für Widerstand und Wandel (Nagelhaus, weil störrisch und störend wie ein alter Nagel in einem Brett). Doch die Zürcher Bürger votierten gegen die hohen Kosten.

Und noch ein Kunstwerk musste den „Werkzeug Türmen“ weichen: der orangefarbene Sirius-Brunnen von Annemarie Fontana (1925 – 2002), der hier 40 Jahre lang bis zum Bau der Tram den Platz dominierte. Geblieben sind ein paar orangerote Plastikteile, von denen man nicht weiß, ob es Deko-Elemente oder Sitzmöbel sein sollen.

Heute belebt der Sirius-Brunnen in Oerlikon die Tramwendeschleife Messe/Hallenstadion. Die expressive Polyesterplastik von 1972 ist ein plakatives Symbol für Technik und Bewegung.

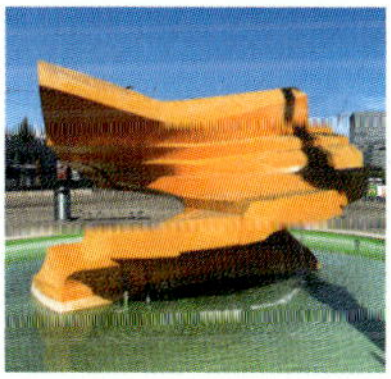

berührungslos berührt, Silvio Gallo, 2014

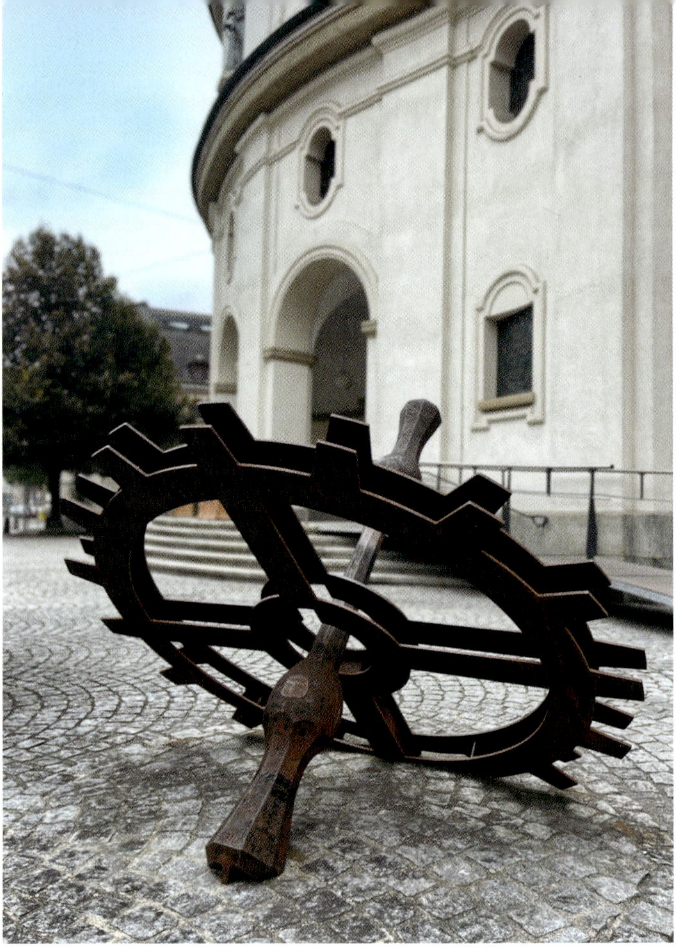

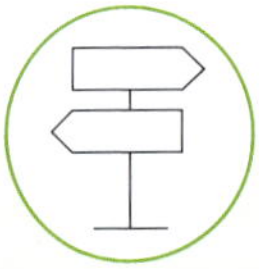

Die Markthalle im Viadukt ist ein Treffpunkt für Genießer und Startpunkt der Viaduktstrasse. Unter den 36 Eisenbahnbögen sind hippe Geschäfte, Galerien und Cafés eingezogen.

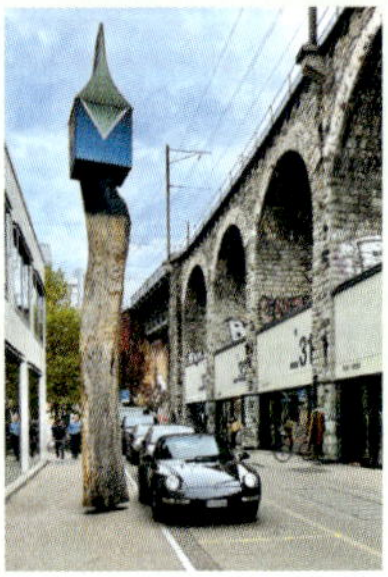

14 BERÜHRUNGSLOS BERÜHRT

Vorbei am ehemaligen Gelände der Brauerei Löwenbräu (heute Sitz der Kunsthalle, des Migros Museums für Gegenwartskunst und zahlreicher Galerien) und der Markthalle im Viadukt führt uns die Limmatstrasse zur Kirche St. Josef. Wir biegen in die Fabrikstrasse und entdecken vor dem Kirchenportal an der Kreuzung zur Heinrichstrasse eine rostbraune Metallplastik: eine Äquatorial-Sonnenuhr, geformt aus zwei übereinander schwebenden Zahnrädern als Zifferblatt und zwei zum Polstab (Zeiger) verschweißten Klöppeln früherer Kirchenglocken. Silvio Gallo hat das Kunstwerk mit dem beziehungsreichen Titel zum 100. Kirchenjubiläum geschaffen.

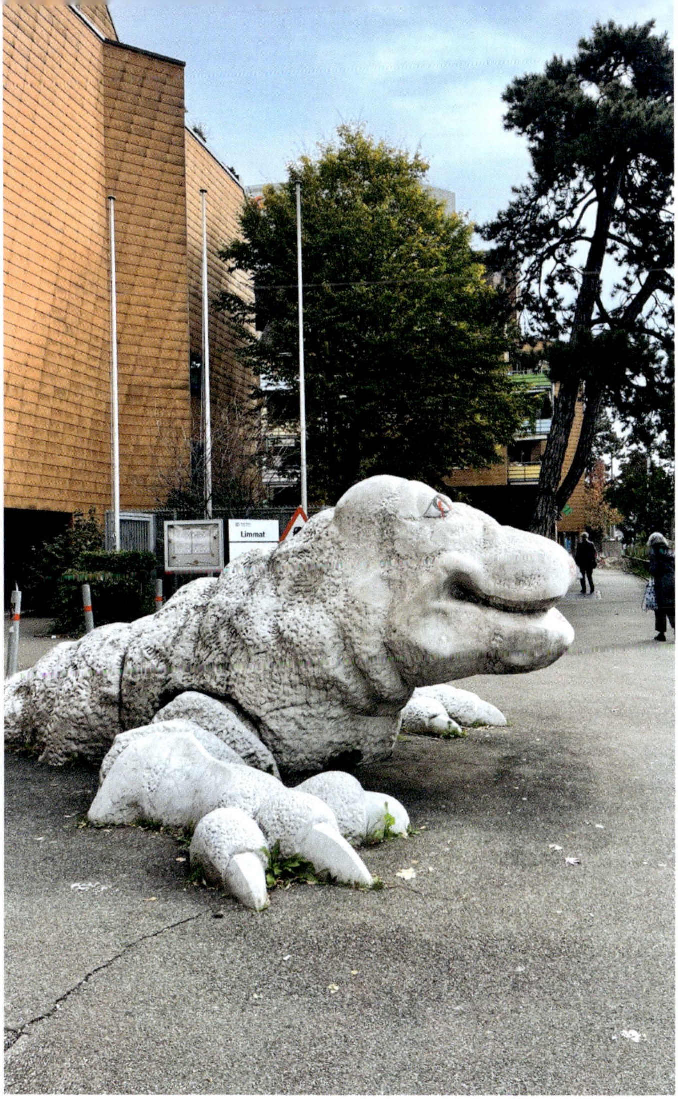

„Sihl-Ghüür", Peter Meister, 1986

Drei „musizierende Knaben" sitzen auf dem Brunnen am Röntgenplatz (von der Limmatstrasse über Röntgen- und Fabrikstrasse zu erreichen). Adolf Ernst Hofmann, 1929

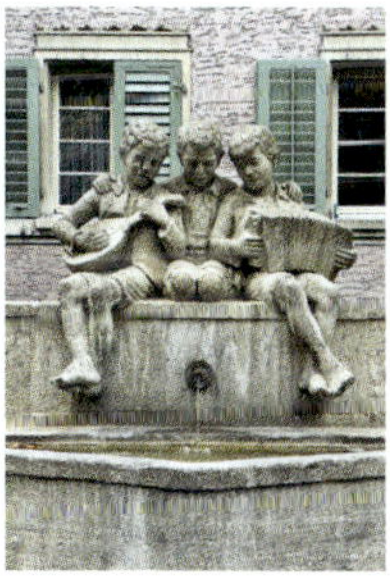

15 „SIHL-GHÜÜR"

Neben der Limmatstrasse, nahe der Tramhaltestellen Quellenstrasse, streckt ein großer weißer Drache seinen Kopf und die Vorderpranken auf den Asphalt der Limmatstrasse. Ein freundlich lächelndes Monster, das den Besuchern des nahen Alterszentrums hilft, den Weg zur Straßenbahn zu finden. Fast 100 Meter sind es entlang der sporadisch auftauchenden Rückenzacken bis zur Schwanzspitze vor dem Eingang des Altenheims.

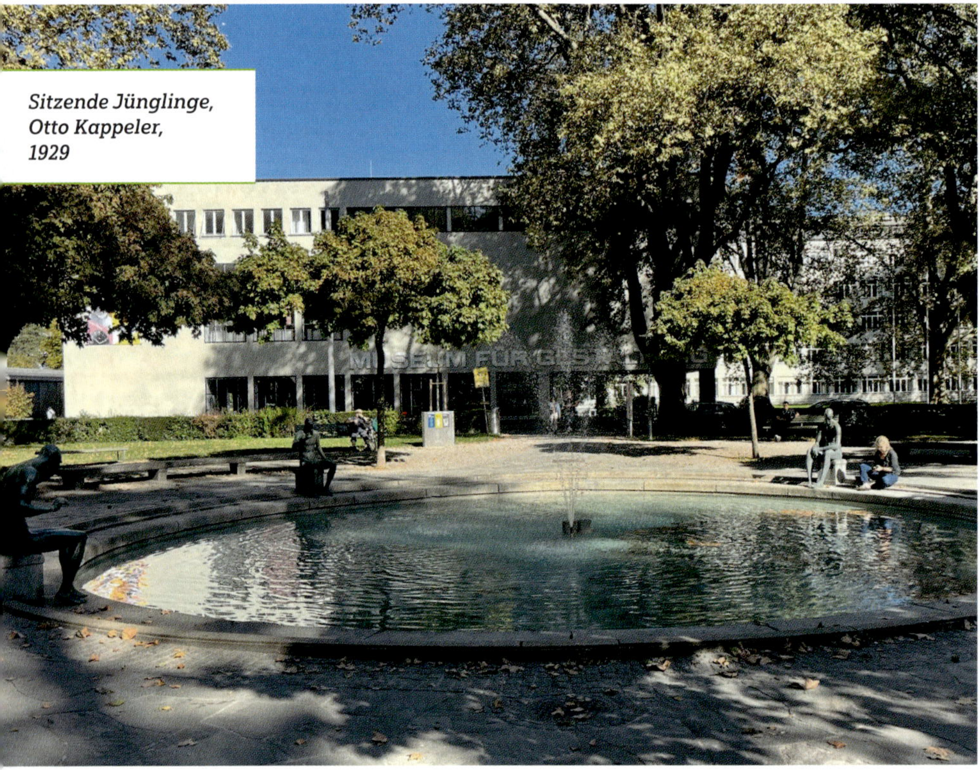

Sitzende Jünglinge, Otto Kappeler, 1929

16 SITZENDE JÜNGLINGE

Über die Limmatstrasse geht es nun zum Museum für Gestaltung, dem wichtigsten Anlaufpunkt für Design & Architektur-Begeisterte (siehe auch den Wegweiser bei Kunstpunkt 12).

In der großen Grünfläche vor dem 30er-Jahre-Bau liegt ein kreisrundes Wasserbecken, flankiert von vier sitzenden Bronze-Jünglingen, einem in jeder Himmelsrichtung. Alle vier scheinen in ihre Gedanken versunken; sie kommunizieren nicht untereinander, auch nicht mit den Museums-Besuchern. Die Körper sind schlank und nackt, doch mit den heroischen Götter- und Heldenstatuen der Antike, die den Kunstgeschmack der Nazis prägten, haben sie nichts gemein. Zu schmalschultrig, zu passiv, zu träumerisch.

Die Bronzeplastik „Sitzende" am schmalen Wasserbecken im Museumsgarten stammt von Ernst Gubler. Geschaffen 1935.

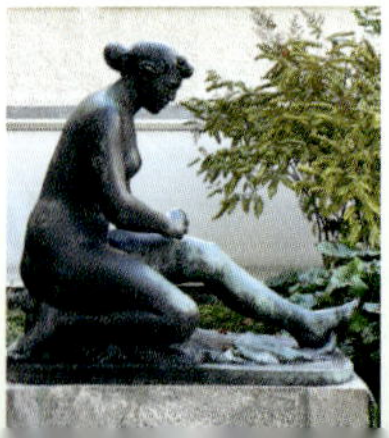

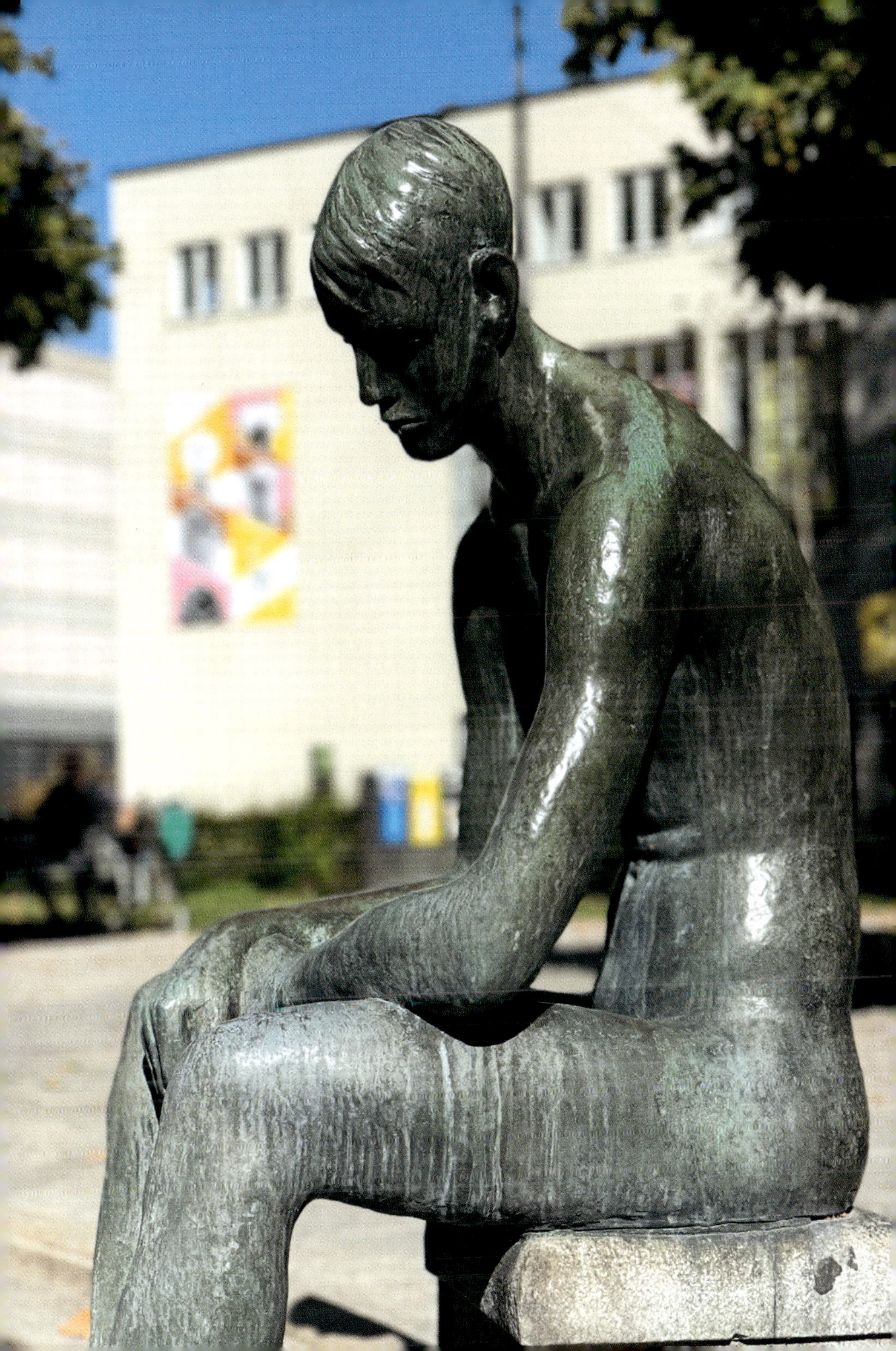

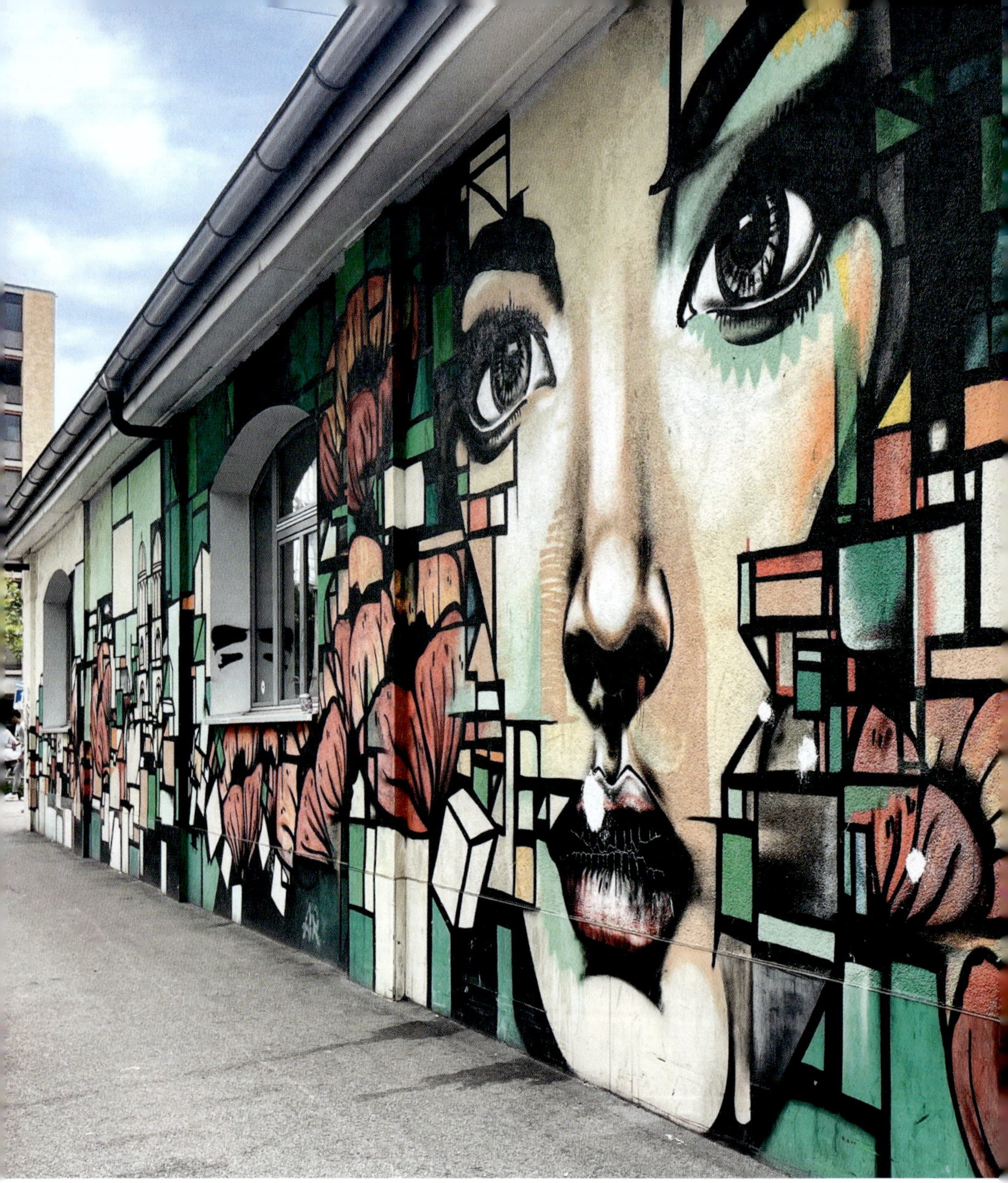

17 STREETART

Wir folgen der Klingenstrasse zur Zollstrasse. An der Fassade des Bar-Restaurants Amboss Rampe (Zollstrasse 80) zieht ein Frauengesicht alle Blicke auf sich. Schwarze Augen, roter Mund. Ein extre-

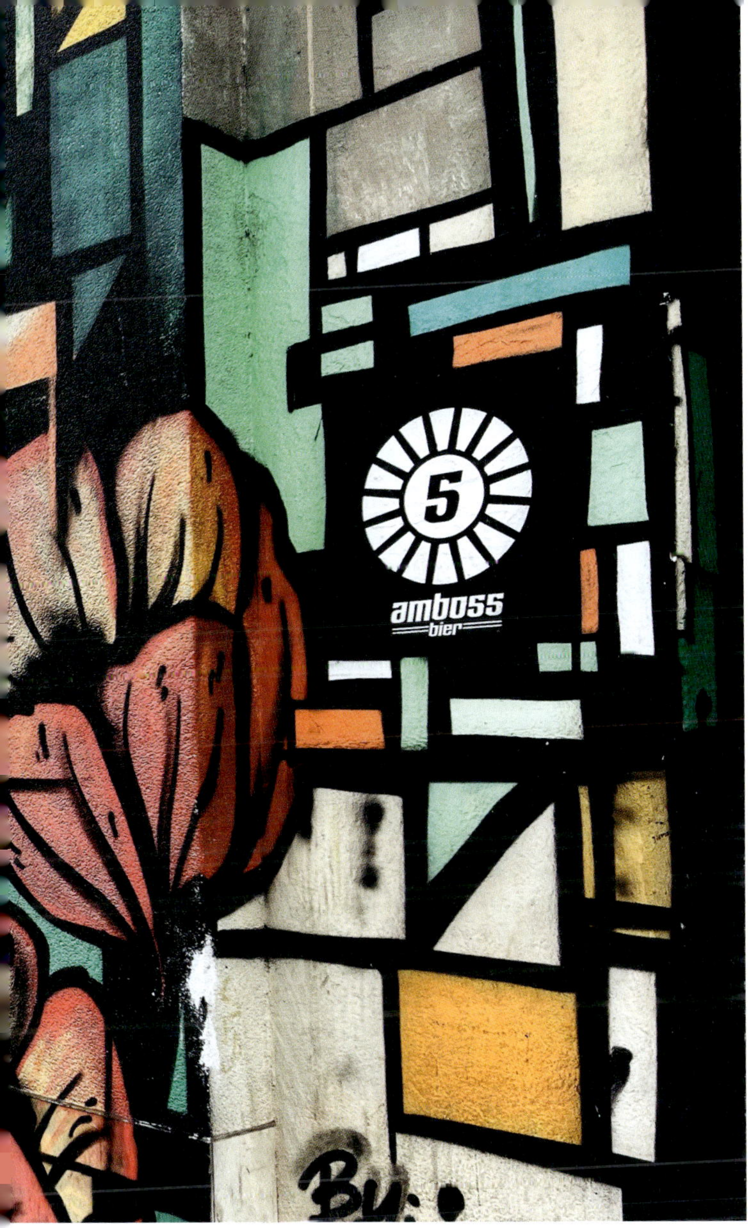

Streetart, Dario De Siena

Hinter dem Restaurant Amboss Rampe ragt das rosafarbene „Brockenhaus“ empor, Zürichs ältester und edelster Gebrauchtwarenladen.

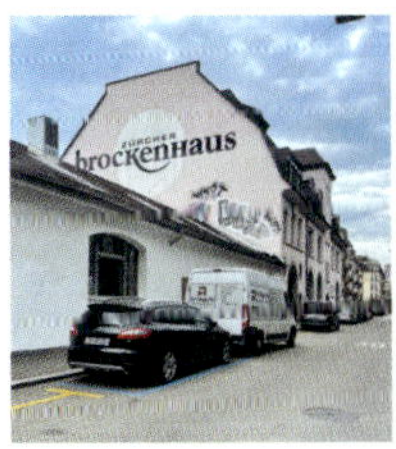

mes Close-up, was die hypnotische Wirkung verstärkt. Der Züricher Graphikdesigner und Streetart-Künstler Dario De Siena setzt harte Linien und eckige Flächen auf und neben weiche feminine Formen, bricht die Harmonie. Picasso ist sein Vorbild.

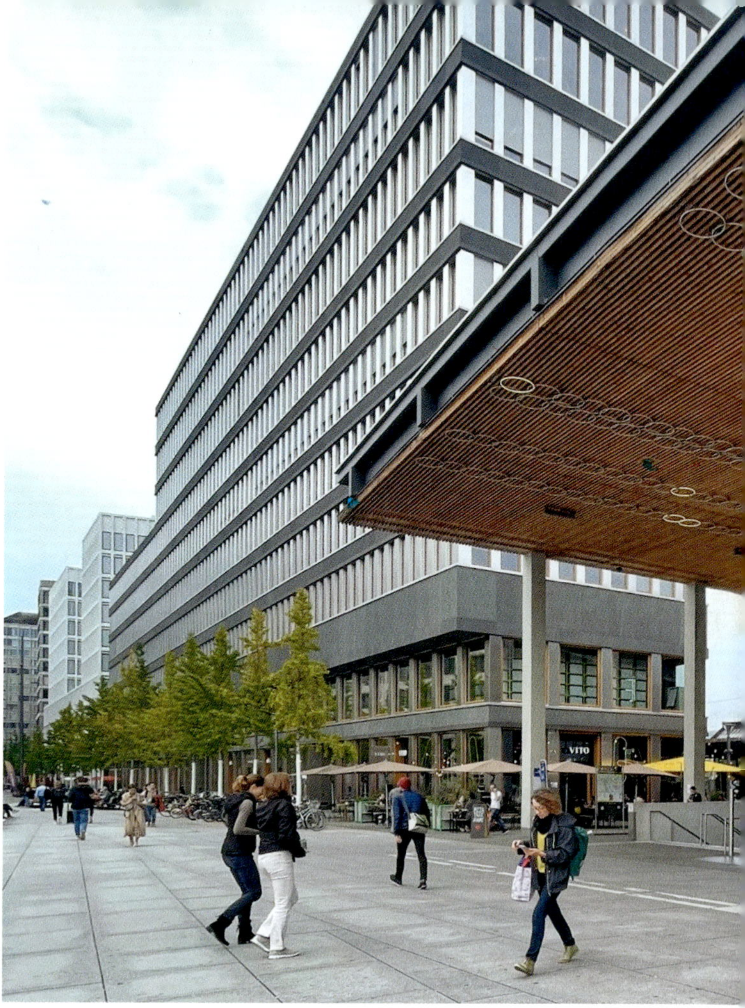

Hinter dem Hauptbahnhof steht das Landesmuseum. Dass es dort um Geschichte geht, wird schon am historisierenden Baustil deutlich: Das Hauptgebäude lässt ans Spätmittelalter denken (Gustav Gull, 1898). 2016 wurde der neue Trakt eröffnet (Christ & Gantenbein).

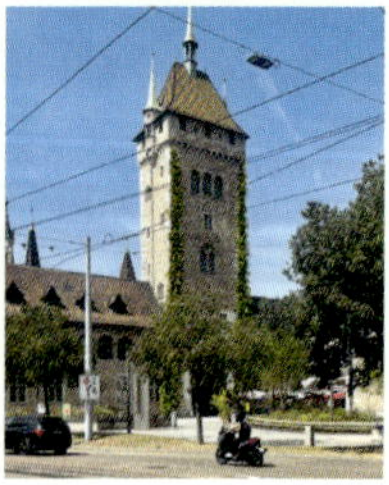

18 DENKMAL FÜR HANS KÜNZI

Mit dem Aufzug geht es hoch zum Negrellisteg und über die Bahngleise zur Lagerstrasse, dann per 180 Grad Wende (2 x links) zur Europaallee, welche schnurgerade zum Europaplatz führt. Das breite, weit auskragende Dach des Hauptbahnhofs huldigt dem „Vater der Zürcher S-Bahn" mit einer Lichtinstallation. Rund 400 Neonringe überziehen in langen Ketten und L-förmiger Formation die hohe Holzdecke. Sie leuchten auf und erlöschen, verbinden und trennen sich, einzeln und paarweise, ineinander gehakt wie Olympische Ringe. Wie die Waggons der S-Bahn über die Gleise

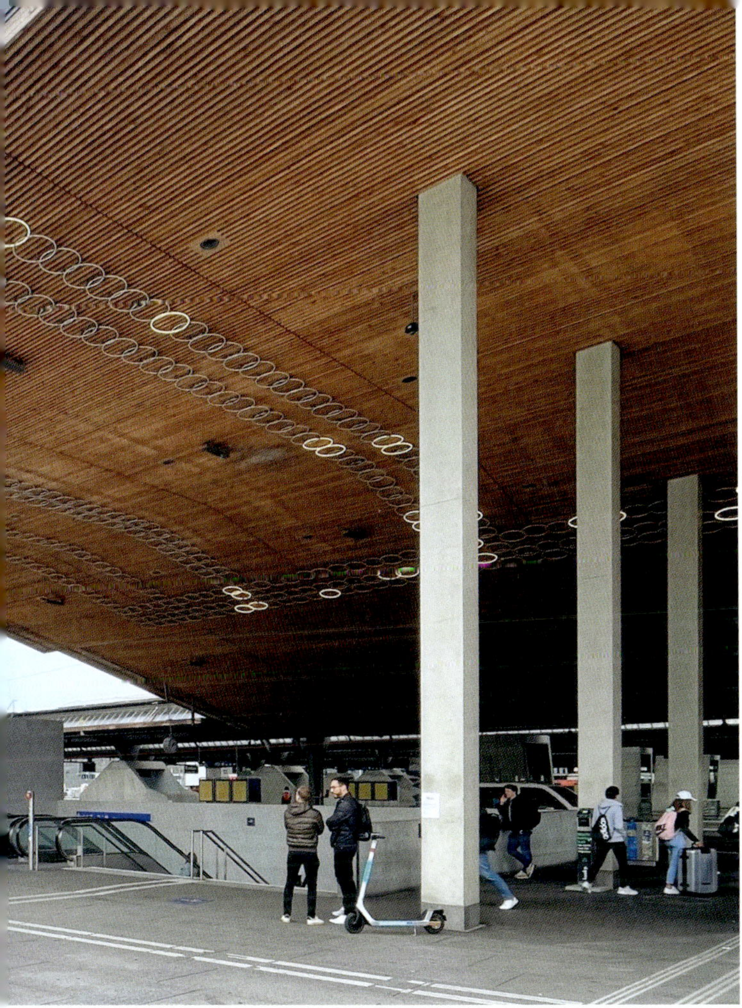

Denkmal für Hans Künzi, Carsten Höller, 2017

gleiten die Lichtkreise über den Dachhimmel, fahren, bremsen und rangieren, spiegeln den Fluss des von Hans Künzi federführend entwickelten Verkehrssystems.

Die Kunst des Carsten Höller erfordert Aufmerksamkeit. Viele seiner Installationen involvieren den ganzen Menschen, sprich Kopf und Körper, wie die Rutschbahnen, die er in Berlin, Florenz und London installierte, oder das Karussell auf der Biennale von Venedig 2015. Im Vergleich dazu sind die tanzenden Lichtkreise eine eher kontemplative Inszenierung von Menschen in Bewegung.

Die schönste Verbindung zwischen Hauptbahnhof und Zürichhorn (Startpunkt Spaziergang 4) ist die Fähre, die vor dem Landesmuseum anlegt. Die Fahrt dauert eine halbe Stunde.

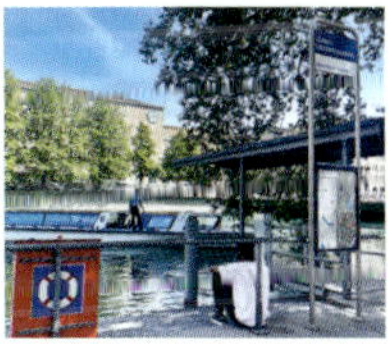

ZUGABE OERLIKON: MODERNE KUNST FÜR FORTGESCHRITTENE.

Wer Konzeptkunst mag, macht einen Ausflug nach Oerlikon, einem neuen Büro-, Wohn- und Geschäftsviertel im Norden von Zürich, nur vier S-Bahn-Stationen von Stadelhofen entfernt.

1 BLAUER TURM

Einen schönen Rundblick ermöglicht der Blaue Turm im Oerlikoner Park, einer rechteckigen Grün- und Freizeitanlage, aus welcher der schlanke Aussichtsturm förmlich in den Himmel schießt. Die schwindelerregende Wendeltreppe schraubt sich weit über die Baumwipfel empor – eine gelungene Symbiose aus Architektur, Kunstwerk und Fitnessparcours.

How to work better, Peter Fischli, David Weiss, 1991

2 HOW TO WORK BETTER

Über den Max-Bill-Platz geht es die Binzmühlestrasse entlang. An der Hausnummer 14 blinzelt eine beschriftete Hausfassade zwischen den Bäumen hindurch. „How to work better" lautet die Überschrift der 20 Meter hohen Hauswand, darunter zehn Arbeitsregeln, so simpel wie sinnvoll. „Smile" lautet die unterste und spätestens jetzt muss man schmunzeln, spürt die leise Ironie, die schon darin liegt, dass man hier draußen liest, was am Arbeitsplatz drinnen gilt.

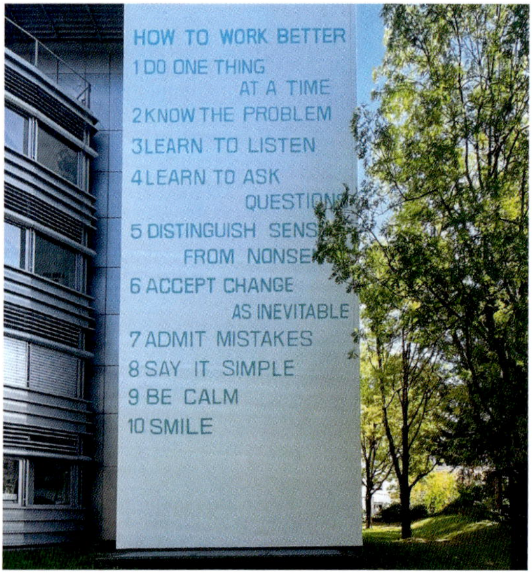

Das Zürcher Künstler-Duo Peter Fischli und David Weiss hat den „Leitfaden" in einer thailändischen Fabrik entdeckt und in Urban Art verwandelt.

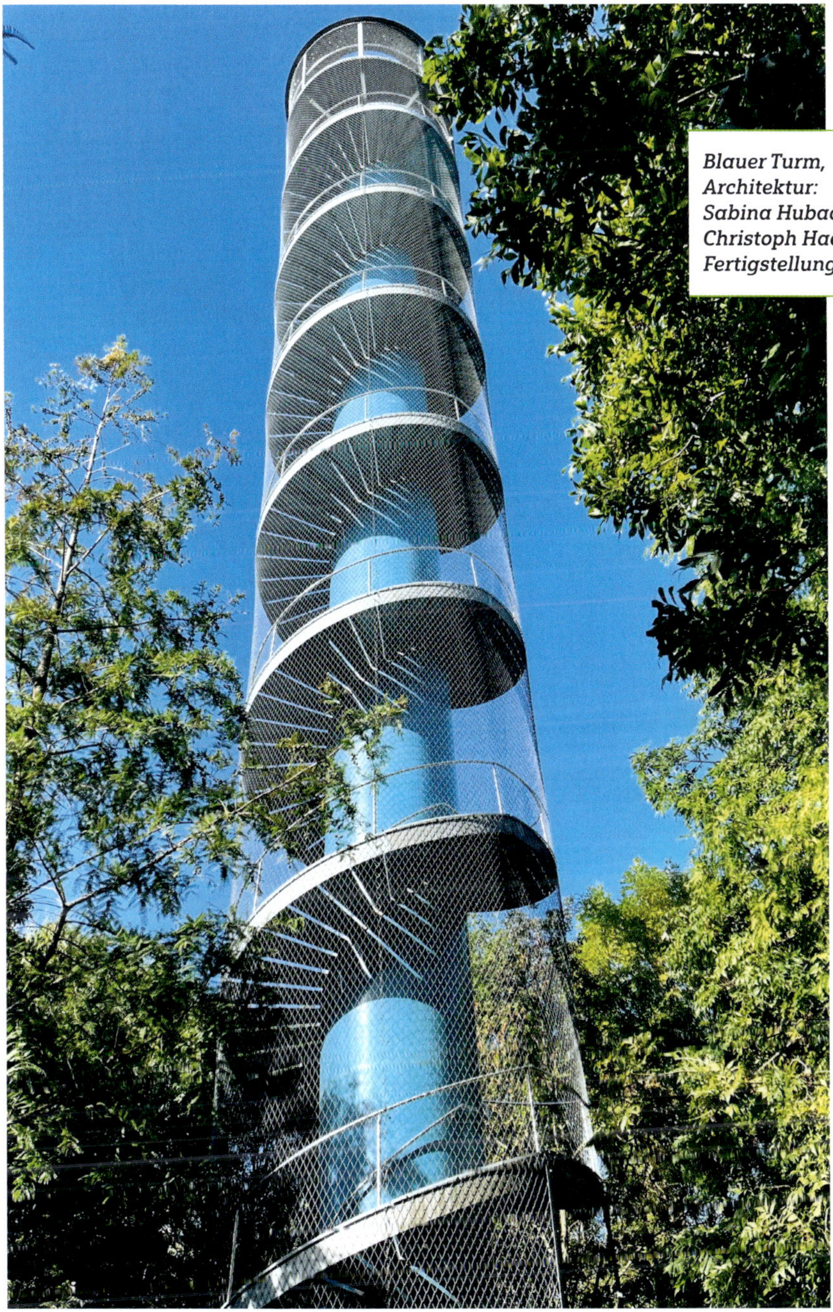

Blauer Turm,
Architektur:
Sabina Hubacher,
Christoph Haerle,
Fertigstellung 2001

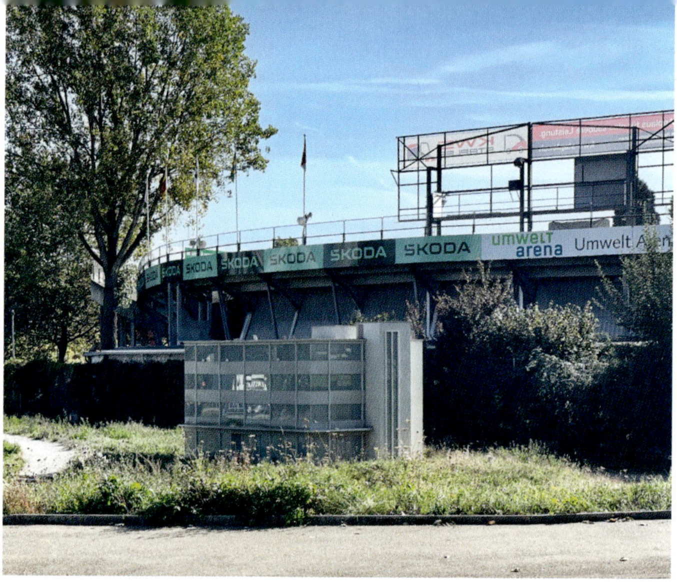

Haus,
Peter Fischli,
David Weiss,
2018

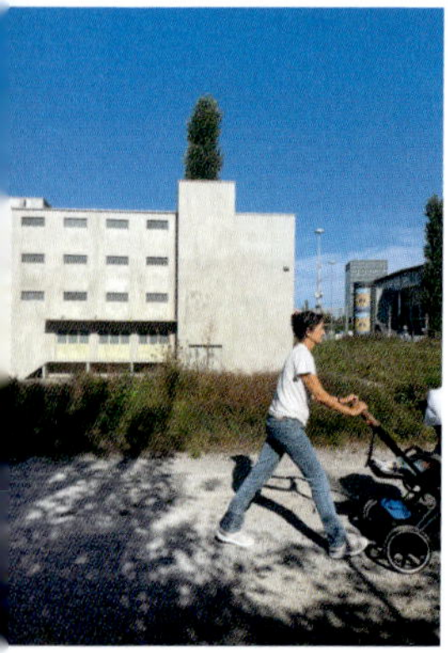

3 HAUS

Die Thurgauerstrasse führt rechter Hand zum Hallenstadion und dem ZSC Lions Platz mit der orangeroten Wasserplastik von Annemarie Fontana. Auf der anderen Straßenseite erhebt sich die Offene Rennbahn und in dem sie umgebenden, verwilderten Grünstreifen ein weiteres Kunstwerk von Fischli/Weiss. Eine Trafostation, könnte man meinen, doch wer genauer hinsieht (was kaum einer tun dürfte), erkennt ein vierstöckiges Gebäude mit Treppenhaus und Laderampe – zu groß für ein Architekturmodell, zu klein, um es zu betreten. Ein „Fake" aus purer Fassade, ohne Innenräume und Funktion. Oder doch?

Das „Haus" ist ein Kunstobjekt. Das Original entstand 1987 für die Ausstellung „Skulptur Projekte" in Münster, damals in Holz. 2016 wurde es in Aluminium gefertigt und vor dem Guggenheim-Museum in New York aufgestellt. Zwei Jahre später kam es nach Oerlikon. Als Symbol einer gesichtslosen Bürowelt? Ja und Nein. Die Künstler haben es als Porträt ihres eigenen Ateliers bezeichnet, als Abbild der alten, im Wandel begriffenen Arbeitswelt. Im urbanen Quartier von Oerlikon steht das „Haus" für die Transformation unserer Städte – so gesehen ist die Assoziation Trafohaus eigentlich gar nicht so falsch.

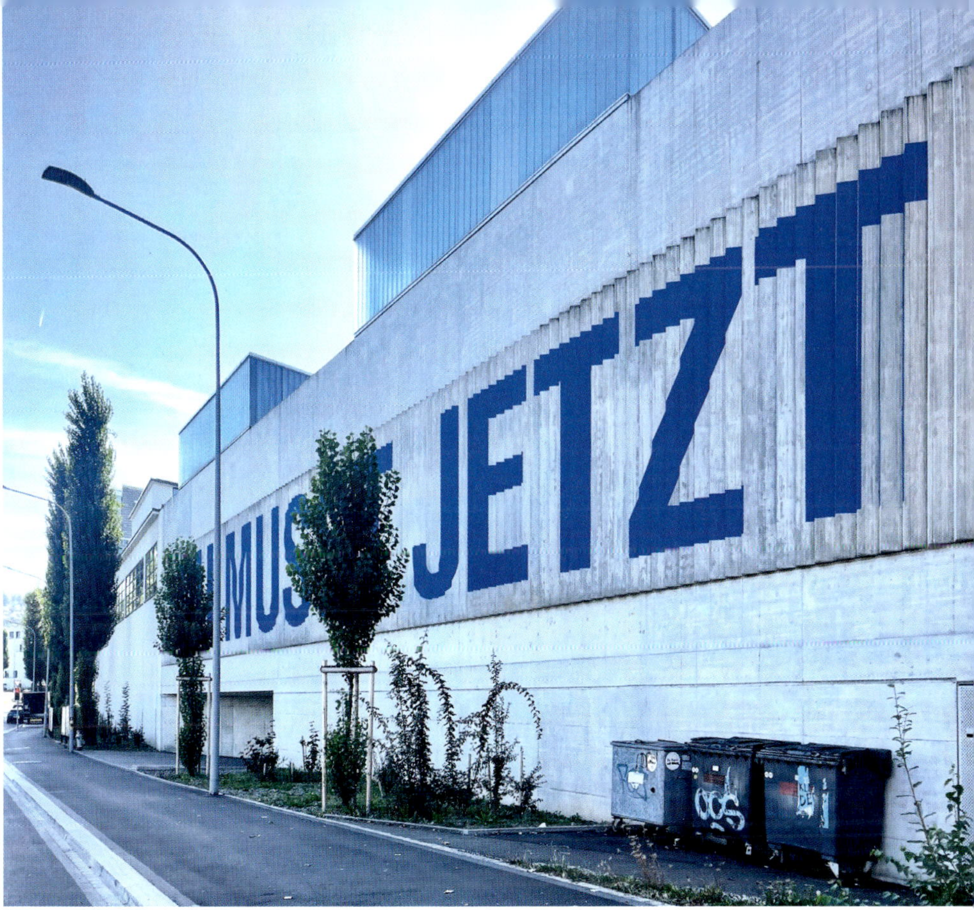

4 „DU MUSST JETZT NACH HAUSE GEHN"

Auf der Tramstrasse zurück zum Bahnhof passiert man das Tramdepot Oerlikon. Die langgezogene Straßenfront würde keine Blicke auf sich ziehen, wären da nicht die riesigen Buchstaben, die fast die ganze Wand bedecken: „DU MUSST JETZT" liest man oder „NACH HAUSE GEHN" – je nachdem, wo man steht und aus welchem Blickwinkel man die Wand betrachtet. Des Rätsels Lösung: Die Fassade ist nicht plan, sondern mit Dreiecksprismen überzogen, wodurch sich zwei schräg gestellte Fassaden ergeben – Raum für zwei neben- bzw. übereinanderliegende Aussagen. Der Spaziergänger ahnt nichts vom Tramdepot hinter der Mauer und fühlt sich von den Worten selbst angesprochen: ein Aufruf zum Handeln oder zum Ausruhen, je nachdem, wo man steht.

„Du musst jetzt nach Hause gehn", Renata Grünenfelder / Hipp Mathis, 2011

ÜBERSICHT DER KUNSTWERKE

SPAZIERGANG 1 BAHNHOFSTRASSE

SPAZIERGANG 2 ALTSTADT LINKS

SPAZIERGANG 3 ALTSTADT RECHTS

SPAZIERGANG 4 AM ZÜRISEE

SPAZIERGANG 5 WEST

BILDNACHWEIS

Mit 128 Farbfotos von Ute Liesenfeld, S. 9 ©Niki Charitable Art Foundation / VG Bild-Kunst, Bonn 2023, S. 44 ©The Estate of Sigmar Polke, Cologne / VG Bild-Kunst, Bonn 2023, S. 58: Fotos von Christian Flierl (Kronenhalle), S. 59: Foto ©The Dolder Grand / ©VG Bild-Kunst, Bonn 2023. Mit 5 Karten von Huber Kartographie GmbH, Unterschleißheim. Coverbild: Georg Berg / Alamy Stock Foto.

IMPRESSUM

Bibliografische Informationen der Deutschen Nationalbibliothek.
Die Deutsche Nationalbibliothek verzeichnet diese Publikation in der Deutschen Nationalbibliografie; detaillierte bibliografische Daten sind im Internet über http://www.dnb.ddb.de abrufbar.
Unser gesamtes Programm finden Sie unter **belser.de**.

ISBN 978-3-98905-039-6
Redaktion: Lektoratsbüro Hille & Schäfer, Freiburg
Umschlaggestaltung: Johanna Urban, Freiburg
Gestaltung: pohl & rick Grafikdesign, Düsseldorf
Produktion: Tatyana Momot
Druck und Bindung: Print Consult, München
Printed in Slovakia / Imprimé en Slovaquie

MIX
Papier | Fördert gute Waldnutzung
FSC® C084279
FSC www.fsc.org

03 ALTSTADT RECHTS DER LIMMAT

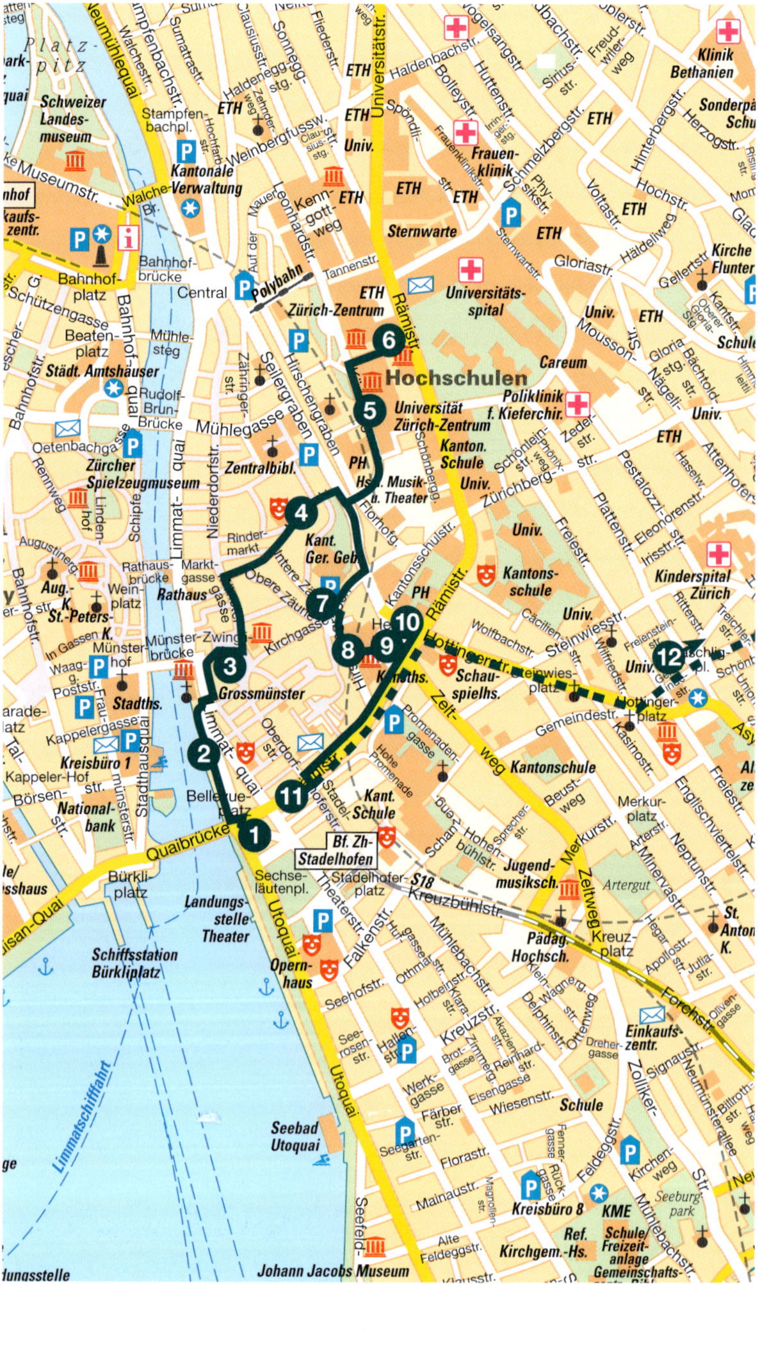